ヒューマン・エレメント・アプローチ

個人のセルフエスティームを高める

個人編

ウィル・シュッツ [著]
Will Schutz

株式会社 ビジネスコンサルタント [編訳]

東京 **白桃書房** 神田

刊行にあたって

　1995 年に，ウィル・シュッツ博士の *The Human Element: Productivity, Self-Esteem, and the Bottom Line*（1994）を『自己と組織の創造学』（春秋社刊）という題名で出版してから，既に 20 年近くの月日が経とうとしている。邦訳刊行後においてはもちろんのこと，それ以前から，弊社（株）ビジネスコンサルタントではウィル・シュッツ博士が提唱する「ザ・ヒューマンエレメント・アプローチ」の考え方を日本に導入し，1988 年 5 月より日本の数多くの企業や組織，団体においてワークショップを実施させて頂いてきた。ワークショップの中で様々な企業・組織の方々との体験や学習を通じて，この「ザ・ヒューマンエレメント・アプローチ」の持つ人間理解における幅広さや深さを感じてきた。この考え方は，今では世界の約 40 カ国で使用され，グローバルで活用されている。

　今回，*The Human Element: Productivity, Self-Esteem, and the Bottom Line, 2nd ed.*（2008）の邦訳を新たに刊行するに際しては，この「ザ・ヒューマンエレメント・アプローチ」の活用を〈個人〉と〈組織・チーム〉の 2 つの観点で分けて，『ヒューマン・エレメント・アプローチ　個人編──個人のセルフエスティームを高める』『ヒューマン・エレメント・アプローチ　組織編──信頼感あふれるオープンで生産性の高い組織をつくる』の 2 冊本として出版することにした。

　なぜ 2 つに分けたのかというと，「ザ・ヒューマンエレメント・アプローチ」には，まず人は自分自身を知り，高いセルフエスティームを持つことで他者との関係を効果的に結ぶことができるという視点があること。そして，組織やチームの中でさらに自己理解を深め，自分の能力をフルに発揮し，喜びを感じ，自分自身のリーダーシップを確立し，組織やチームで本音のコミュニケーションができる開放的な組織文化を醸成し，生産性の高い健康的な組織やチームを作ることを狙いとしている視点があるからである。

刊行にあたって

　本書では,「ザ・ヒューマンエレメント・アプローチ」による個人の「セルフエスティーム」の向上について，その意味合いを述べていく。

　人は，困難な問題に直面した際，その問題から逃げずにエネルギーを集中して，落ち着いて周りの力を借りながらどの方法が良いのかを考え，行動できる時もあれば，その問題解決にエネルギーを集中せずに，他人のせいにしたり，責任転嫁したり，高圧的に決めつけてみたり，失敗した時の言い訳を考えながら仕事をしたり，あるいは先延ばしをしたり，問題から逃げようとしたりする時もある。読者の皆さんも両方の経験がおありだと思う。その違いは何かというと，その時のセルフエスティームの高さが影響しているのである。

　また人は新しい行動を取ろうとしても，その欲求があったとしても，そう簡単には行動を変えることができない。なかなか行動は変わらないのである。新しい行動を阻害する要因として，上司のサポートやその他の資源や条件不足など外的要因はたしかにあるものの，一番大きい阻害要因は自分自身であることに気づいていない人は多い。実は，人は自分自身で自分の行動を規制してしまっているのである。そして規制している要因の中で最も大きなものは自己概念，つまり，今の自分を自分自身でどのように捉えているかということなのである。

　今の自分を自分自身で肯定的に捉えていることをセルフエスティームが高く持てているという。ウィル・シュッツ博士によると，自分自身についてポジティブな感情を持っている人は，利己的にならず，自己陶酔に陥ることもない。落ち着いて現実をしっかりと見据え，正直で優しく人の役に立つ傾向がある。しかしながら，セルフエスティームについて私たちが意図しているのとは違った捉え方をしていることも多く，「傲慢さや驕りにつながる慢心，あるいは誇張された自尊心」のことであると否定的に捉える人もいる。しかし，これは本質からかけ離れている。人を顧みない過剰なまでの自己主張や傲慢さ，自分を過大評価する自惚れは，たいていの場合，心の奥底にある不安や低いセルフエスティームを覆い隠すためのものである。高いセルフエスティームは，その人が正直に，開放的に，柔軟に自己責任を持って物事に対応し，失敗や困難から立ち直るしなやかな回復力を持ち，創造性を発揮し，

刊行にあたって

自分や人に対して思いやりを持つ助けになるのだとウィル・シュッツ博士は提唱している。

　セルフエスティームを高めるためには，自己の現実を直視し，無意識に行ってしまっている自己防衛のメカニズムに気づき，なぜ自分が特定の行動パターンにこだわっているのか。柔軟性を失ってしまっているのかを理解する必要がある。そして，自分自身にも他者にもオープンに正直に関わることで，防衛や避難的な態度が無くなって，初めて人は成長することができ，自分のポジティブなセルフエスティームを持てるようになり，自分らしく自然に振る舞うことができ，自分の能力をフルに発揮でき，素晴らしいパフォーマンスを生み出すことができるのである。この本ではまさしくこのプロセスを明らかにしているのである。

　この本では，ヒントになる質問をもとに自分で自分自身の「振り返り」をしながら，自己理解を深めていく形になっている。自分と向き合い，自分自身と開放的に対話をすることが深い気づきに繋がると信じている。深い気づきこそが新しい行動に繋がるのである。最近の社会の風潮を見ていると，やたらとすぐに答えを求め，インターネットやハウツー本で自分の欲している答えが見つかるとそれ以上考えることをやめてしまう傾向があるようにみえる。本書の著者は，大事なことは考え続ける，学び続ける姿勢であると考えている。特に自己理解を深めるということは人間一生の課題，テーマである。一章ずつウィル・シュッツ博士からの質問にじっくりと向き合いながら，読み進んで頂ければ幸いである。

　「ザ・ヒューマンエレメント・アプローチ」の特徴は，自己理解を他者との関係の中で捉えている点である。タイプ別分析の自己診断ツールを巷では数多く見かけるが，自己を他者との関係性で理解するという手法は他では見られない。C. アージリス博士は組織の問題の 80％は対人関係の問題であると言っている。アドラー心理学では人間の悩みはすべて対人関係の悩みであると断言している。他者との関わりの中で自分を理解するというこのアプローチは実践的でパワフルなアプローチであると言える。

　このアプローチではまず，自己の対人行動，つまり他者に対してどのような行動を選択しているのかを理解する。そして次に自己の行動の背景にある

刊行にあたって

気持ち・感情に踏み込むのである。人は様々な対人行動を取るが，実は理由のない行動は取らないのである。他者に対して持つ気持ちや感情から，また他者からどのように思われていると感じているのかによって人は対人行動を選択するのである。他者を重要な存在だと思っていると自分から声をかけ，何らかの関わりを持とうとするし，周りから期待されていると感じれば，それに応えようと行動をする。他者から有能に思われていないと感じると自分から積極的に行動しないし，相手に好感を持っていれば自分からオープンに関わっていくが，どうも好感が持てないとその人と距離を置いてしまうというように，私たちが取る行動の背景には他者に対する気持ち・感情が存在するのである。そして，更には対人行動の柔軟性に影響を与えている自己概念つまり，自分で自分をどのように感じているのかという奥深い部分まで踏み込んでいく。これらを通じて現在の自分自身について理解を深めていくのである。

ブロードバンドやSNSなどデジタル技術の進歩のお蔭で人々のコミュニケーション手段は飛躍的に便利になったが，本当に人と人とのコミュニケーションは深くなっているのだろうか。様々なコミュニケーション・ツールが開発されてはいるものの，便利になればなるほどその一方で，ますます人に対する感受性や柔軟性が求められていると感じるのである。この本を活用することで，より一層の自己理解を深め，効果的な対人関係を築くきっかけになれば幸いである。

最後にこの本の出版に際して多大な協力を頂いた白桃書房の平千枝子氏，矢澤聡子氏に心からお礼を申し上げる。

なお，1994年刊行の初版，*The Human Element: Productivity, Self-Esteem, and the Bottom Line* は，『自己と組織の創造学』という題名で春秋社より出版された。

2014年10月

株式会社ビジネスコンサルタント　代表取締役 社長執行役員　　横関哲嗣

目　次

刊行にあたって

はじめに 1

1. ヒューマン・エレメント・アプローチとは何か？ 3
　　読者対象　5
　　本書の読み方　6
　　本書の構成　8
　　使用している用語について　10

2. ヒューマン・エレメントの概念図 11
　　図0.1. 組織におけるヒューマン・エレメント　12
　　振り返り　ライフライン：私が演じている役割の起源　14

第1章　ヒューマン・エレメント・モデル
　　　　　他者との関わりの中で自分とその関係性を理解する3つの次元　19

1. ヒューマン・エレメント・モデルが大切にする仮説 21
2. ヒューマン・エレメント・モデルの要素：次元と局面 26
　　図1.1. ヒューマン・エレメント・モデル　28
3. ヒューマン・エレメント・モデルの3つの基本的次元 30
　　次元1　仲間性（インクルージョン）　32
　　　振り返り　仲間性（インクルージョン）について考える　42
　　次元2　支配性（コントロール）　43
　　　振り返り　支配性（コントロール）について考える　56
　　次元3　開放性（オープンネス）　57
　　　表1.1. 真実のレベル　68
　　　振り返り　真実のレベルについて考える　75
4. 開放性の限界 76
　　表1.2. 聴く（リスニング）のレベル　77
　　　振り返り　開放性（オープンネス）について考える　80

v

目次

第2章　自己概念（セルフコンセプト）とセルフエスティーム
個人として，プロフェッショナルとして
最高の生産性を上げるための基本的要素　　　　　　　　　81

1. **自己概念と3つの次元：仲間性，支配性，開放性** 82
2. **自己概念を理解するためのモデル** 85
   表2.1. ヒューマン・エレメントの周期表　88
   振り返り　私の自己概念を明確にする　91
3. **自己防衛のプロセスを発見する** 98
   図2.1. 認知の正確さ　105
   振り返り　対処のメカニズムについて考える　108
4. **セルフエスティーム：ポジティブな自己概念を確立する** 116
5. **組織の中でセルフエスティームを向上する** 120
   振り返り　セルフエスティームの特徴　122
   振り返り　セルフエスティームについて考える　125
   振り返り　不満の質問事項　128

付録　ヒューマン・エレメント・アプローチ：より深い理解のために　131

Introduction

はじめに

結局のところ，全てのビジネス活動は3つの言葉に集約できる。「人」，「製品」，「利益」である。その中で最初にくるのが人である。すぐれたチームを持っていなければ，他の2つを得ることはできないからである。
リー・アイアコッカ

　アイアコッカが正しいとしたら―少なくとも私は彼は正しいと思っているのだが―人間をもっと深く観察し，我々が学んできた現代的な人間理解の手法を組織に応用してみようではないか。我々は，過去数十年にわたり，人間行動について大いに学んできた。今こそ，それを応用する時である。私は長年にわたり，コンサルタントとして組織のあらゆる階層の人々を観察してきたが，特に印象深く，しかも悲しいことは，組織生活における人間の苦痛の大きさである。多くの人が，自分は仕事を失うのではないか，自分はその仕事にはむかないのではないか，自分は尊敬されていないのではないか，自分は過大評価されているのではないか，自分は人目に晒されてしまうのではないか，自分は目立ちすぎてしまうのではないか，と恐れている。その結果，多くの人が病気になり，中には，生命にまでかかわるような慢性疾患になってしまった人もいる。また，これらの恐れが，個人のプライベートな生活にまで影響を与えていることもしばしばある。
　私は，このような苦しみを見たくもないし自分がこんな苦しみを味わいたくもない。人々の苦しみが増していくのを見て心を痛めることも嫌であ

はじめに

る。高いセルフエスティームと低いセルフエスティームの分かれ目はたくさんあるが，多くの場合，真剣に考えられてはいない。セルフエスティームは，個人のパーソナリティと人間関係のあらゆる面に影響を与え，生産性や創造性，また，論理的に考える能力に影響を及ぼしている。セルフエスティームは，社会問題を生み出す源でもあるのだ。

　私の個人的な体験とコンサルタントとしての体験からわかったことは，人が十分な自己への気づき（セルフアウェアネス）と共に健康なセルフエスティームを持ち，組織が開放的で正直な組織文化を促進する時に，多くの人の苦痛が排除できるのである。そして，場違いの論争やエネルギーの浪費，隠しだて，嘘，お互いの中傷といった全く意味のない，情けない，非生産的な活動を止めることができる。自分を最大限に発揮し，素晴しい生産性を達成する場に，職場を変えることができるのだ。

　セルフエスティームは，他の人を救う最も基本的な手段にもなる。私にとって最も大切な価値観は，自分も含め，全ての人が自分の持っている能力を全て発揮できるということである。実際，私が他の人に対してできることは，一人一人がその人の持っている能力を発揮できるように助けることである。そのためには，まず私自身が恐れずに開放的でなければならない。

　私は，少年の頃，度々同じ夢を見た。大人の私が燃えているアパートの屋根にいて，私の子供たちが中庭で怯えて私の助けを待っているという夢だった。その時，私はどうしようもない大きな挫折感を感じていた。屋根の上の煙突のレンガが私の上に落ちてきており，子供たちを助けるには，まず自分がレンガからうまく身を守らなければならなかったからである。その夢のメッセージは明快だった。私が他の人にとって最も価値があるようになるためには，まず自分の脅威から自分自身を解放しなければならないのであった。

1. ヒューマン・エレメント・アプローチとは何か？

　ヒューマン・エレメント・モデルは，一人の人間として，そして，グループのメンバーとして，自己への気づき，自己受容，セルフエスティームを向上し，潜在能力を十分に発揮することを目指し，実証された理論と方法を提供するものである。あなたがこのヒューマン・エレメントの考え方とここで提供された体験に対して自分をオープンにする気持ちがあり，そして，あなたの組織でこの考え方や方法を実際に実践するならば，次のことを実現する環境をつくることができる。

- グループは自分たちの能力の全てを発揮する。なぜなら，メンバー一人ひとりが自分を十分に知り，そして表現するという行動を選択し，また，一人ひとりが貢献できる環境をつくるという行動を選択するからである。
- 全員が真実を話す。
- 各自が自分の行動と感情に責任を持つ。

　これらの目標が実現された時，チームは最も効果的になり，組織は最も生産的になり，そして，個人は最も達成感を持つ。感情的なレベルについて言えば，チームの中の人間関係はお互いに満足するものとなり，一人ひとりが自分自身を最高に思えるようになる。自動車産業の関係者の一人は，実験結果を引用しながら次のように語っている。「今日，一個人や，単なる個人の集まりであるグループでは組織を導いていくことはできない。あなた方にできる唯一の方法は，人間の全て，つまり，人の手だけでなく人の心まで使いきることである」。

　ヒューマン・エレメントには，次のような基本的な原則がある。

- 人間が機能する上で，その根本にあるのが自己である。
- 組織の問題やリーダーシップの問題を解決するためには，自己への気づきが解決への最初のステップである。
- 深い自己への気づきは，自己受容とセルフエスティームに通じる。

はじめに

● 人は，自己への気づきとセルフエスティームが高まると，同僚に対して隠しだてをしなくなり，誠実になる。そして，今まで防衛や隠しだてといった人間関係の葛藤のために使っていたエネルギーを生産的な仕事に向けることができる。

クルト・レヴィンの「良い理論ほど実際的なものはない」というフレーズは有名である。通常，理論は，重要な現象をじっくり考え，理解した結果である。ヒューマン・エレメントは，リーダーにリーダーシップのジレンマを解決するシンプルで奥の深い効果的なツールを与える理論を提供する。例えば，ミーティングが効率的でない場合，ヒューマン・エレメントの理論は，話されていないものに気づき，隠されたものを公にし，理解するためのガイドラインを提供する。そうすることによって，グループのエネルギーは向上するのである。チーム・メンバーがうまく機能していなければ，ヒューマン・エレメントの理論は，リーダーに次のような解決策の道筋を与える。

「チーム・メンバーは，自分がチームの一員でない（含まれていない）と感じていないか？」
「権限を全く与えられていないと感じていないか？」
「嫌われていると感じていないか？」
「嘘をつかれていると感じていないか？」
「無視されていると感じていないか？」
「軽視されていると感じていないか？」
「メンバー同志が一緒にうまく働いていないなら，一人ひとりの仕事に対する姿勢が異なるのではないか？」
「二人は同じ役割を争っていないか？」
「メンバーが恐れを感じているために，自分の立場に強情に固執していないか？」
「自分の仕事を失うのではないかという恐れを感じていることを隠していないか？」

この本の目的は，まず第一に，個人とチームの業績を向上させることによって，組織において必要不可欠なこと，つまり，最小のコストで生産的な

仕事を達成する方法を提供することである。第二に，組織の全員の成長と幸福を支持しながら，組織の目標を達成する方法を提供することである。第三には，チームが自分たちの目標を達成するように導くことのできるリーダーとなる方法を提供することである。

読者対象

自己の気づきやセルフエスティームを高めることに興味がある人，とりわけ，次の人のためにこの本を書いたのである。

リーダーとマネジャー

経営の諸資源を減らされる一方で，期待だけが増大していくこの時代において，組織の目標を達成する責任があるマネジャーは，問題解決を行い成功する製品とサービスを生み出すことに，より多くの時間を捧げることができるならば，自分も組織ももっと良くなることがわかっている。ヒューマン・エレメント・モデルは，自らの役割において自分自身を知り，部下を理解し，援助するための方法を提供する。マネジャーは，自分自身の自己概念とセルフエスティームについて学び，人がどのように機能するのかも学ぶ。そして，業績考課，個人と仕事の適性，今の仕事への満足度，チームワーク，チーム内外の集団力学（グループ・ダイナミックス），個人とグループの問題解決や意思決定といった重大な問題に対処するための新しい方法を学ぶこともできる。この本は，リーダーのための人間的側面に関するリーダーシップのバイブルである。

自主管理（セルフディレクテッド）チーム

チームも，この本から利益を得ることができる。なぜなら，ヒューマン・エレメント・モデルのリーダーシップの概念は，メンバー全員の参画を最大にし，全員が責任感と有能感を持つことをより促進するからである（どうすればグループが素晴しい生産性を生み出す健康的な協働関係をつくることができるかについては，組織編のチームワークで述べる）。

はじめに

▍専門家

　心理学者，ソーシャル・ワーカー，カウンセラー，看護士といった，人を助ける仕事に就いている人も，本書の特定の章（自己や対人関係行動といった章）から多くの価値を見つけられるだろう。スポーツ・チームや監督・マネジャーは，リーダーシップ，チームワーク，業績，意思決定などに関する章から学ぶことも多いと思う。

▍個　人

　ヒューマン・エレメントのアプローチでは，次のような考え方を育んでいこうとしている。つまり，個人は，集団の中で起こるいろいろな動きを自分の中に反映させるし，また組織の中でのお互いの関係からできあがった自己概念やセルフエスティームが，個人の機能の果たし方に影響するものである。したがって，「真実を語る」「自分の選択」「自己への気づき」「チームワーク」「集団による問題解決」，さらに「意思決定」などの原則は，夫婦や家族にもあてはめることができるものである。肝要なことは，このアプローチによって，あなたはもっと自分自身を知ることができ，セルフエスティームを高め，あなたの人間関係の質と健康の度合いを変えることができるということである。

▍本書の読み方

　ヒューマン・エレメントは，読者であるあなたを著者である私と共に強烈な旅へと招待するのである。この旅は，あなたに，自分と他者の行動と感情を考え，それに応えるよう要求する厳しいものである。あなたは，ヒューマン・エレメントの考え方が単に新しいだけでなく，今まであなたが出会ってきたものとはかなり異なっていることを発見するかもしれない。そこで，あなたは次のような行動の選択に直面する。「あなたはこの本からどれくらいの恩恵を得ようとしているか？」あなたにとっては革命的に見える考え方に出会った時，「こんな考え方は，私の組織では決してうまくいかない」とか「それは現実的でない」と言うかもしれない。私は，この考え方が真実かど

うかを議論するつもりは全くない。あなたには自分で行動を選択する自由がある。私がここで指摘したいのは、本書を含む全ての学習材料からもたらされる恩恵を受け入れたり、拒んだりする様々な方法（あなた自身の行動の選択）が存在するということである。あなたがこの旅を続けることを選ぶなら、長年これらの原則に基づくワークショップの中で起こったことと同様に、あなたは深い洞察と様々なアイデアを獲得し、組織の中で質の高い生活と人間関係を得ることができると、私は約束する。

本書は内容が多く、数々の節があるので、次のステップを踏むようにしていただきたい。

- まず、本書にざっと目を通す。疑問には無理に答えようとせず、はっきりしないところがあってもこだわらないで、全体的な感じだけをつかむようにする。

- もう一度読み返し、少しずつ細かく分けて読む。内容をじっくりと把握しながら読む。あなたの反応に注目する。コンセプトをあなたの人生や組織における体験に結び付ける。コンセプトについて大いに議論し、挑戦する。そして、コンセプトを試してみる。まわりの人たちとコンセプトについて話し合う。実際に行動を起こすための方法と提案について考え、どれくらい役に立つかを確かめる。本書から多くのものを得るためには、この本の考え方があなたにとって本物にならなければならない。そのためには、積極的にこれらの考え方を実行してみるというあなたの決意が必要であり、そうすることが、この考え方をあなたにとって本物にする最良の方法なのである。

- そして、各章にある振り返りには全て正直に答える。振り返りは、ヒューマン・エレメントの概念に従い、読者に、あなた自身の人間関係を考える機会とあなたの行動計画を工夫する機会を与える。また、自己への気づき、自己受容、セルフエスティームを向上する機会と、より強いチームと人間関係をつくる新しい方法を学ぶ機会も与えるのである。

はじめに

- 本書をいったん横に置いて，振り返り，読んだ内容をじっくり受け止めてみる。内容を消化したら，本に戻って，次の章に進む。そして，再び止まって，振り返る。細かく（一口サイズに）区切って読むことによって，非常に多くの価値を得ることができる。

- 特別に感心のある部分があれば，その箇所をじっくり時間をかけて考える。各章ごと順に読んでいくのが理想的であるが，特定の部分に非常に関心があれば，他を飛ばしてその部分に進んでもよい。

- 二度読み終えたら，もう一度全部を通読する。この時，あなたはこの本からより多くのことを学ぶだろう。

振り返りに加えて，本書では，様々な組織における実際のヒューマン・エレメントの事例についても詳細に述べてある。いくつかの事例は，特定の組織における私のコンサルティングの体験を書いたものである。別の事例では，それぞれの組織のリーダーやマネジャーが，自分たちの体験について書いたものである。また，各章に実際の組織から引用したエピソードである短い事例がある。その中では，通常，ヒューマン・エレメント・コンセプトがどのようにその例にあてはまるかを実例を用いて説明し，分析している。

本書の構成

本書の構成は，過去十数年にわたって数多く行われてきた「ヒューマン・エレメント」と名づけられた5日間のワークショップから学んだことを基にしている。そして，ロルフィングと呼ばれる本格的マッサージの方法を開発した素晴らしい女性，アイダ・ロルフから学んだことも参考にしている。ロルフィングは，身体の異なる部分にそれぞれ特定の順序で行われる一連のセッションから成っている。ロルフィングでは，「レシピ（調理法）」（ロルフがこう呼んでいた）がデザインされている。身体の特定部分（例えばセッション1においては身体の上半身）のバランスがとれた後，かなり自分の身

体に気づき始めた人は，次のセッションが身体のどこに焦点をあてるかを感じることができる。身体のある部分（セッション２においては足）が今バランスがとれていないことに気づくからである。各人は，各セッションごとに自分の気づきを高めながら，論理的に，今までに学んだ感覚に従いながら，一連の10のセッションを通して行っていく。同様に，ヒューマン・エレメント・ワークショップでは，初めのテーマの後にそれを受けるテーマが続く。例えば，グループの効果性を高めるためには，グループ・メンバーが自己概念とセルフエスティームの問題を解決することが不可欠である。

　本書個人編では，読者がより多くの自己の気づきを獲得できるように２つの章がデザインされている。第１章では，行動と感情を含む自己を理解し，特に，感情が集団内での人間関係にどう影響を及ぼすかを理解するヒューマン・エレメントの理論的な枠組みを提供する。同時に，自己の気づきを向上するプロセスの始まりとして，次の問いに答えるようデザインされている。

　「私は人々に対してどのように行動しているか？」
　「私は他の人たちのことをどのように思っているか？」
　「人々は私に対してどのように行動し，私のことをどのように思っているか？」
　「私は人々にどのような影響を与えているか？」

　第２章では，読者が自分を現実的に見ることによって，より自己受容できるように，自己（自己概念）についての自分の認知を理解し，その認知に対する自分の感情（セルフエスティーム）に注目する。そこで，次の問いに答える。

　「私は誰であるのか？」
　「私は自分自身をどう見ているのか？」
　「自分に恐れがある時，私は自分自身をどう防衛するのか？」
　「私のリーダーシップの特徴は何であり，私はリーダーとしてどのように成長することができるか？」
　「私は自分自身についてどう思っているのか？」
　「私は自分自身にどれくらい関心を持っているのか？」
　「私は自分自身をどれくらい認め，好きであるか？」

はじめに

「私はどうしたら自分のセルフエスティームを高めることができるのか？」
「自己概念とセルフエスティームが組織にどのような影響を及ぼすのか？」

使用している用語について

　特定の記述をする時には，性差別的な文法を避け，そして直接的に書くというスタイルを確立するために，「私」（I）は，普遍的な自己ないし従業員を示すために使い，「あなた」（YOU）は，普遍的なもう一方の相手に使うことにする。この表現方法は，厄介な彼―彼女―彼らという表現を避け，彼／彼女といった表現方法，また，男性と女性を代表する彼という表現を避けることができるのである。例外が起こるのは，私（著者）が，直接あなた（読者）に話しかける時である（例外もあるが，それは状況の中で明白である）。ぎこちなさを避ける以外に，普遍的な「私」を使うことによって，あなた（読者）をいっそう内容に引き付け，直接的に感じられるようになる。「あなた」とか「我々」ではなく，「私」と言われることに慣れるのに少し時間がかかるかもしれないが，そうする価値があるのだということを，あなたはわかってくれるだろう。

2. ヒューマン・エレメントの概念図

　ヒューマン・エレメントは，組織における人間の問題全てについて統合したアプローチを提供する，ホーリスティック（全体論的）なモデルである。その範囲と領域を図0.1.に示す。本書の中で取り扱ったテーマの順序を表示し，テーマそれぞれが，お互いにどのように関係するかを示している。この八角形の中央の円は，人間の存在を表現する。円1の人間と自己は，セルフエスティームと自己概念の領域をカバーする。その対角線上の円2は，個人の成長といった長期的な局面を表現する。円3の人間と人間は，コミニケーションとリーダーシップの領域をカバーする。その対角線上にある長期的な局面を表現する円4は，チーム・ビルディングと意思決定を表わす。円5の人間と仕事は，仕事の適性と仕事の配置を含み，円6は，長期的な経歴計画（キャリア・プランニング）を表わす。円7の人間と身体は，体調と病気に関連する。長期的な局面を表現する円8は，一般の健康と健康プランを扱う（明白な焦点を保つために，今回はこれら2つの領域は扱わない）。ヒューマン・エレメントの枠組みによって，様々な人間の局面の関係を精密に取り扱うことができる。なぜなら，各円が同じ次元（仲間性，支配性，開放性―これらについては，第1章で詳細に述べる）で説明されるからである。例えば，仕事の満足感のために用いられる次元は，意思決定を探究するために用いられるものと同じである。この単純化は，全ての人間活動の説明をより簡単にする。一つの領域について学ぶことによって，他の領域全てについても同じように起こる洞察を得ることとなる。さらに，この八角形は，全ての領域がお互いに相互関係があるようにつながっていることを表わしている。例えば，セルフエスティームの変化は，チーム・ビルディングのプロセスに影響を及ぼす。自分自身が好きなことについての葛藤は，確固たるリーダーになることの困難さとチームワークをいかに妨げているのかを説明することに大いに役立つ。仕事の満足感は，コミュニケーションに影響を及ぼし，自己への気づきは，意思決定の質に影響を及ぼすのである。

はじめに

■図 0.1.　組織におけるヒューマン・エレメント

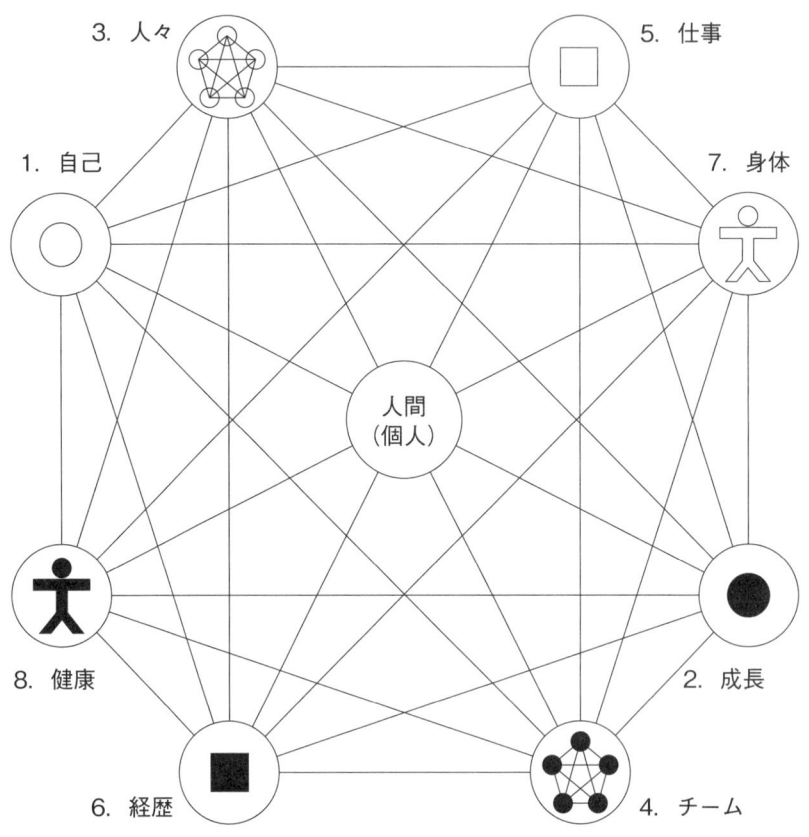

1. 個人と自己（短期）：セルフエスティーム，自己概念，自己への気づき，動機づけ，ストレス（第1,2章）
2. 個人と自己（長期）：個人の成長と潜在能力の最大の発揮（第1,2章）
3. 個人と人間（短期）：リーダーシップ，コミュニケーション，チームワーク
4. 個人と人間（長期）：チーム・ビルディング，意思決定
5. 個人と仕事（短期）：仕事の適性，仕事の満足感，人間と組織の関係
6. 個人と仕事（長期）：経歴計画
7. 個人と身体（短期）：体調，病気，エネルギーのレベル
8. 個人と健康（長期）：一般的な健康

はじめに

振り返り　ライフライン：私が演じている役割の起源

　すでに「はじめに」の中でも述べたように，振り返りのセクションは，あなたの学習をまとめて，その学びを自分自身に応用する機会を提供する。この振り返りを活用することによって，あなたは自分についてより多くのことを学び，より深いレベルでコンセプトを理解することができるのである。（これ以降，この本全体で使われる代名詞「私」は「普遍的な自己」を表わす）。

　この最初の振り返りでは，生まれてから現在までに私がグループ状況の中でどういう役割を演じてきたかをチェックする。私がリーダーとして自分についてまず知っておかなければならないことは，どういう種類の役割が身近であるか，どういう種類の役割を気持ち良く，うまく実行することができるか，どういう種類の役割には慣れていないか，不快であるか，そして，この時点で私があまりうまく実行できていないと思う役割は何であるかを理解することである。そして，私がベストにやれることをやり続けることによって，また，時間の経過と共に自分の得意でない役割における業績を向上することによって，チームやグループの中で自分の場所を見つけることができるのである。

　私は覚えている限り昔にさかのぼって，自分自身について考え，その自分の姿を描く。目を閉じて，思い出せる限り小さい時にまでさかのぼり，その頃の自分の姿を思い浮かべる。次に，目を開けて，以下のガイドラインを踏まえながら，生まれてから現在までの自分の姿を絵に描いていく。

振り返り：ライフライン

- 家族の中で，私は何番めに生まれたか？　両親が家にいた時，家族の中での私の役割は何であったか？　両親が家にいない時はどうだったか？　誰も家にいないときはどうだったか？
- 遊び友達との関係で，私はリーダーであったか？　支配的だったか？　内気だったか？　かなり好かれていたか？　無視されていたか？　拒絶されていたか？　すごいと感心されていたか？　スポーツは得意だったか？　学校の成績は良かったか？　反抗的だったか？　他に何かあったか？
- 私の身体のサイズは関係があったか？　外見は関係があったか？　いろいろな能力があることやないことは関係があったか？　性別は関係があったか？　人種グループは関係があったか？　あだ名はあったか？
- 異性を気にするようになった時，私に何か変化があったか？　初めてのデートはいつだったか？　人気があったか？　求められない存在だったか？　人と交わらない一匹狼だったか？　パーティーへはしょっちゅう行く方だったか？　皆からよく声をかけられたか？　無視されていたか？

これらの昔の出来事を考慮して，私の現在の行動をどうしたらもっと理解できるかを考えてみる。

- 私が今までにつきあってきたグループを全て振り返る。まず，年上の人たち，次に，同年輩と年下の人たち，また，自分より低い地位や肩書きの低い人たちの順に振り返り，全てのグループを絵に描いていく。これらの絵を完成させたら，絵から少し離れて，自分の進化のプロセスを観察する。典型的な私の役割は何か？　私はどの役割が得意であるか？　どの役割が得意でないか？　どの役割を楽しむか？　どの役割を避けるか？
- 人々は私を通常どのように扱うか？　同じくどんなやり方で皆は私を扱うか？　同じくあるタイプの人々（特定の年齢の人，男性，女性）はどんなやり方で私を扱うか？
- 私は自分に対するどんな反応を人々に期待しているか？　私に対して人々が示す典型的な反応のタイプ（父親的，性的，姉妹のような，競争的，同情的，母親的，援助的，犠牲者的，敵意のある，批判的）は何か？
- これらの記憶を基にして，私の強みと最も慣れた役割を最もうまく用いるリーダーのタイプを記述する。
- リーダーである私が（少なくとも最初に）他の人に自分の代わりにやってもらいたいものは何か？
- 本書の残りを読む間，私はこれらの絵を心に留めておく。

ヒューマン・エレメントを開発する

　ヒューマン・エレメント・モデルが，組織の中で，自己の気づきを促進するためにどんな理論と方法を提供するかを理解してもらうために，第1章では，このモデルの基本的な仮説と3つの主要な次元―仲間性，支配性，開放性―を検討する。第2章では，第1章の内容を踏まえ，3つの次元を用いて，自己概念（私が自分に持っている認知）とセルフエスティーム（私が自分の自己認知をどう思っているか）を明確にする。本書では，個人のパフォーマンスやグループの意思決定やチームワークなどを向上するための土台となる，個人の行動と感情の3つの次元を，自分を防衛したいという欲求も含めて取り扱う。

第1章

Making Sense of Ourselves and our Relationships

ヒューマン・エレメント・モデル
他者との関わりの中で自分とその関係性を理解する3つの次元

> 善行と悪行という考えを超えたところには一つの場がある。私はそこであなたに会う。
>
> ルーミー

　UCLAで博士論文のために私が提出した最初の案は，パーソナリティに関する理論に取り組むものだった。親切な私の主任教授は優しく微笑みながら，その試みは若い大学院生が取り組むにはちょっと大胆すぎると言った。

　私はくやしかったが，教授の判断を受け入れテーマを変えた。しかし，自分の理論を創るという欲求は捨てなかった。それが後に，朝鮮戦争の際，アメリカ海軍のための集団力学に関する私の研究において，理論を公式化する機会を得た時に浮上したのである。

　私がパーソナリティを統合する理論に関心を持ち，執着するようになった理由をじっくり考えて見ると，面白いことを思い出した。8才の頃，私は，父がそうであったように，熱狂的な野球ファンだった。私のヒーローは，ルー・ゲーリックであった。ゲーリックがどれくらい素晴しいかを証明しようと父のところに行って，「ゲーリックは打率.363，ホームラン49，打点165，本当にすごい！」と言うと，父は，「その通りだが，ゲーリックは守りができない」と言った。私は父の反応に完全に隙をつか

第1章：ヒューマン・エレメント・モデル

れてしまった。私は全く対応できなかった。それ以来，私は父に対抗するために，父と話したいと思った話題について自分が知っていることを全て確かめるようになった。部分的には自己防衛であったが，結果として，私は全体論者になったのである。自分が説明したことは全て確信しなければ気がすまなかった。

　対人関係の行動に関する理論を組み立てる最初の試みを行って以来，私は自分の理論を発展させ，修正し，研ぎ澄まし，単純にしていった。物事を理解するには，3つの段階を通り抜けなければならないことがわかった。一番目の段階は，単純化である。私はその複雑さと微妙さを自分で本当に理解してはいないので，その問題が単純だと思ってしまう。私は，大学院ではその段階にいたのである。次の段階は，私がいかにその問題が複雑なものであるかを認め，複雑な実験を行うのと同時に，数ある変数全部を説明しようと試みる時である。最後に，私が十分に問題を研究し，自分の理論が機能するのを見始めると，多くの面が再び単純になり，だんだん深くなっていく。私は，パーソナリティと人間関係において，ヒューマン・エレメントの理論はこのレベルに達し始めていると信じている。

　エサレンや他の所でも，理論が機能しなければその理論は価値がないことを学んだ。理論的な探求と並行して，私の探求は，自分の考えを実践して人生を送ることであった。例えば，真実を語ることは最善の方法であると規定するのは素晴らしいが，私が自分の妻とそれを試す時，何が起こるだろうか？　真実を語るということは機能するだろうか？　真実を語ることは，実際に試すと壊れてしまうようなちょっと気のきいた考えにすぎないのではないか？　理論を実践して人生を送ることは進行中の旅のようなものであり，今後，私の一部になるであろう魅惑的なものでもある。私の生活の中でうまく機能したら，それを理論の中に取り入れ，その一般性をテストする。それこそがホーリズム（全体論）であり，理論という抽象の世界と生活という現実の世界の間を行きつ戻りつする，大変興味をそそるものであった。さらに，理論に従って人生を送ることは，理論を他の人に教えるための必要な条件でもあるのだ。

> 本章の目的は，ヒューマン・エレメント・モデルの次元を提示することである。本章は，私が『Profound Simplicity』の中で書いたヒューマン・ポテンシャル・ムーブメントの原則（一つ追加したが）から導き出したモデルの基本的な仮定の議論から始める。次に，ヒューマン・エレメント・モデルの，また，人間の機能における3つの中心的次元である，「仲間性（インクルージョン）」「支配性（コントロール）」「開放性（オープンネス）」を検討する。
>
> これらの3つの次元は，自己の気づきとセルフエスティームを組織の中でどう高めることができるかを理解するために不可欠な3つの中心的な次元でもある。組織状況の事例は，それぞれの次元がどう機能するのかを実例で説明するものである。その後，対人関係の行動とつながりをもつ感情を3つの次元ごとに探究する。3つの「次元」のセクションはそれぞれ，「要約」と，読者がその次元についてより深く振り返り，自分の仕事やプライベートの生活への応用を考える「振り返り」で終了する。

1. ヒューマン・エレメント・モデルが大切にする仮説

真　実——ここでいう真実とは，オープン（開放的）と同義語であり，本音で言動するということである。真実は複雑な物事を非常に単純にする。真実を歪めないで，ありのままに受け止められる時に人は成長する。また，真実を受け止める雰囲気がある時に人間関係は明確になり，活性化する可能性が増す。

選　択——私は自分の人生を選択している。現在の自分は過去に自分が選択してきた結果であり，自分の考え方，感情，感覚，記憶，健康，全てのことは自分が選択してきている。そして自分に選択の余地があることを分からないという選択さえ行っている。これからの自分は自分次第で選択できる，つまり人生の主導権は自分にある。従って自分の責任を完全に受け入れる。人生の中で起こる様々な出来事に対する自分の反応や言動とその結果を受け入れる。

第1章：ヒューマン・エレメント・モデル

単純性――もっとも深遠な解決策は単純である。全てに通ずるものは単純である。そして，最も単純な形がベストである。

無限性――人間の能力は無限であり，限界を持たない。唯一の限界は，我々には限界があると確信してしまうことである。

全体性――人間の考え方，行動，感情，身体，健康，あらゆるものはすべて相互に関連し，影響を与え合っている。

達成感――自己実現の喜びは，自分の持てる能力を十分に具現化し，なりたい自分に近づいていると実感できるときに感じる。

次　元――国や民族を超えて人間が機能する上で基本的な次元，仲間性，支配性，開放性が存在する。

セルフエスティーム――あらゆる行動の根底にはセルフエスティームが影響する。

　これらの原則は，特にここ以外に特別な章をもうけてはいないが，この本全体にわたって繰り返し述べられていることを明確にしておきたい。組織生活におけるこれらの仮説の結果を述べるために，次のセクションでは，これらの原則と現在一般的に信じられていることを比較する。これらの信じられていることは，一般的ではあるが，組織の違いや組織内の部門の違い，また，個々のリーダーとマネジャーの考えの違いによって，必ずしも普遍的に理解されているとはかぎらない。次のセクションで述べるヒューマン・エレメントの仮説に基づく実行策を人間関係のコンサルタントが推薦することがよくあるが，多くの組織はそれらの実行策を取り入れるのに手間取っている。

①**セルフエスティーム**
　一般的に信じられていること：セルフエスティームに関心をもつことは，本来のエネルギーを生産的な仕事からそらしてしまう。自分のことを良く思える活動が必要なら，従業員は，プライベートな時間にのみ行うべきである。職場は，仕事に集中するための場所であって，その人個人のことに集中するための場所ではない。

　ヒューマン・エレメントの仮説：セルフエスティームは，創造性，動機づ

け，生産的な仕事を行うための全ての問題にかかわる人間の核心である。組織の主要な目的の一つは，全社員のセルフエスティームを最大限に高めることである。

② 真　実
　一般的に信じられていること：人々は，思慮深く，他の人の感情を傷つけないように注意し，プライバシーを維持し，無力感を感じないようにして知っている真実を話さなければならない。多くの人は，真実を受け入れることができず，すぐに怒り，喧嘩早く，傷つきやすい。マネジャーは，個人のプライベートな問題，給料，差し迫った解雇，組織の秘密について真実をそのまま言うことを避けなければならない。
　ヒューマン・エレメントの仮説：ほとんどの組織では，組織の合法的な秘密の数はほんのわずかである。合法的な秘密は，通常信じられているよりはるかに少ない。秘密は有害である。組織が真実を全て話せば話すほど，組織はより健康で，より生産的になる。人々は，考えられているよりもっとうまく真実を受け入れることができる。

③ チームワーク
　一般的に信じられていること：チームづくりは，チームの目標と使命を明確にし，いろいろな役割（保護役，アイデアを生み出す人，その他）とスタイル（分析的，感情的など）の違いの有効性を認知し，尊重し，コミュニケーションと交渉力のスキルを改善することによって達成されるのである。
　ヒューマン・エレメントの仮説：チームワークがうまくいかないのは，主にメンバーの違いから起こるのではなく，むしろ柔軟性のなさ（すなわち，その態度にこだわって一切変えない）から起こるのである。人々が低いセルフエスティームを持つ時に起こる柔軟性のなさ（こだわり）は，防衛と恐れ（例えば，有能感のなさ）である。柔軟性のなさを解消してチームワークを改善するために，恐れをオープンに，正直に取り扱うことが最善である。

④エンパワーメント（パワーを与える）
　一般的に信じられていること：全員が提出した意見を基にリーダーが決定する参画マネジメントは，従業員をエンパワーするためのメカニズムである。
　ヒューマン・エレメントの仮説：エンパワーメントは，パワーを与えることによって達成される。「エンパワーされた人たち」はリーダーと同じように参加する。最終的な決定は，全員が同意して行われる。

⑤責　任
　一般的に信じられていること：それぞれの仕事について，誰に責任があるのかをはっきりさせることは重要である。そうすることによって，何かうまくいかない時，その責任の所在と非難の矛先を明確にすることができ，問題をより早く解決することができるのである。
　ヒューマン・エレメントの仮説：何かがうまくいっていない時は，関係している全員が100パーセントの責任を持っており，非難されるべき人間はいない。そして，同じチームにいる誰もが問題を解決しようと努力する。

⑥業績考課
　一般的に信じられていること：マネジャーは部下と，部下の業績を改善するために仕事における期待について話し合い，査定基準を決め，直接的で援助的なフィードバック・セッションを実施し，部下の人格ではなく，行動を検討する。
　ヒューマン・エレメントの仮説：部下の業績は，その部下とマネジャーの人間関係に大きくかかわるのである。したがって，2人の人間関係がまず最初に改善されれば，業績の改善は容易に達成される。

⑦変　化
　一般的に信じられていること：変化を起こすためには，公式，非公式のプログラムに従業員を参加させ，目標を定め，達成する期限を決め，手続きを計画し，マイルストーンをつくり，安全装置を組み入れ，変化のプロセスに沿った成功に対して報酬を与える。

ヒューマン・エレメントの仮説：変化に関係する全員が変化を起こすことに賛成する決定を下せば，これらの変化に対する手法は全て機能するが，もしそうでなければ，それは「リバウンド」現象（たとえ体重が20ポンド減ったとしても，すぐにまた元の体重以上に戻ってしまう）になる。人々は，なぜ変わりたくなかったのか，もとのままでいることの見返りは何か，変化後の新しい状況に対しての恐れは何かといったことを学ばなければならない。これら全てについて明らかにし，その上で変化を起こす決定を行えば，変化のプログラムはうまくいくのである。

⑧倫　理
　一般的に信じられていること：誘惑を避け，倫理的な行動をすると報酬を受け，違反したら厳しく罰せられれば，人々は倫理的に行動する。倫理は，自分の価値観と権威によって動機づけられたその人の人格と道徳観の問題である。
　ヒューマン・エレメントの仮説：人々は，自分自身について良く感じれば，倫理的に行動し，そして，倫理的に行動することから喜びを感じる。恐れから生じる倫理的な行動は，誘惑に対して不安定で無力である。

⑨ストレス
　一般的に信じられていること：ストレスは，仕事の負荷を減らしたり，休息を取ったり，瞑想したり，バイオフィードバックや精神療法を行うことによって減らすことができる。ストレスの高い仕事についている人には，特別な配慮を与えなければならない。
　ヒューマン・エレメントの仮説：これらは全て役に立つテクニックであるが，問題の核心，すなわち，なぜ人がストレスを感じることを選択するのかということは考えていない。ある人は，自分が行うこと全てにストレスを感じる。一方，同じ仕事をしながらストレスを全く感じない人もいる。ストレスを感じることを自分が選択していることに気づき，ストレスを感じることへの見返りを明らかにすると，人は違った選択を行う。

⑩**意思決定**
　一般的に信じられていること：決定は，主観的ではなく，客観的に下されなければならない。全員が「プロとして」行動する。つまり，感情を抑えるのである。
　ヒューマン・エレメントの仮説：感情は存在する。一人ひとりが感情に気づき，それを表現し，感情を最終的な決定の中に含め，そして，いつ感情が役に立ち，いつ感情が物事を歪めるのかを意識することによって感情に接する時には，感情は創造性の向上につながるのである。

⑪**リーダーシップ**
　一般的に信じられていること：リーダーはビジョンを持ち，そのビジョンへの協力を人々から取り付け，断固としてすばやく行動しなければならない。
　ヒューマン・エレメントの仮説：リーダーは，自分の能力も含め，グループ全員の能力を活用しなければならない。決定するのに最も資格がある人々と，決定によって最も影響を受ける人々と一緒になって決定を行うことが，一番よい決定を下すことにもなり，これらの決定を素早く，最小限の抵抗で実行することにもなる。

2. ヒューマン・エレメント・モデルの要素
：次元と局面

　国や民族を超えて人間が機能する上で基本的な次元—仲間性，支配性，開放性が存在する。そして，それぞれの次元において，対人行動，対人感情，自己概念等の局面がある。
- 対人行動の局面では，次元と同じ言葉を使用しているが，他者に対して取っている行動の特徴を取り扱う。
  ・仲間性：人と社交的に付き合うことを好むか，一人きりでいることを好むか，どの程度の社交性で付き合うことを好むのかという度合い
  ・支配性：人を統制することを好むか，任すことを好むか，どの程度の統制を好むのかという度合い

・開放性：人と開放的に本音で対処することを好むか，プライバシーを持つことを好むか，どの程度の開放性で対処することを好むかという度合い
● 対人感情の局面では，人が取る行動には必ず理由があるが，その他者に抱いている感情の特徴を取り扱う。
  ・重要感：他者を重要で大事な存在であると感じているか，感じていないのか，どの程度重要であると思っているかという度合い
  ・有能感：他者を有能な存在であると感じているか，感じていないのか，どの程度有能であると感じているかという度合い
  ・好　感：他者に対して好感を持っているか，持っていないのか，どの程度好感を持っているのかという度合い
● 自己概念の局面では，対人関係の一番奥底にある自分自身について自分でどのように感じているのかについて取り扱う。
  ・活気・集中／自己重要感：生き生きと今やることに集中しているか／自分のことをどの程度，重要に感じているのか
  ・選択・決定／自己有能感：自分の人生を自分で決定しているか／自分のことをどの程度有能に感じているのか
  ・気づき／自己好感：自分の気持ちや感情に気づいているか／自分のことをどの程度好感を持っているのか
● 対人関係の恐れ・不安の局面では，自分自身がこだわっていたり，心の奥底で恐れているところは何かに気づく。
  ・仲間性―重要感―無視されること：
　　無視される状況を意識的無意識的に避ける行動をする
  ・支配性―有能感―馬鹿にされること：
　　馬鹿にされる状況を意識的無意識的に避ける行動をする
  ・開放性―好感―拒絶されること：
　　拒絶される状況を意識的無意識的に避ける行動をする

図 1.1. ヒューマン・エレメント・モデル

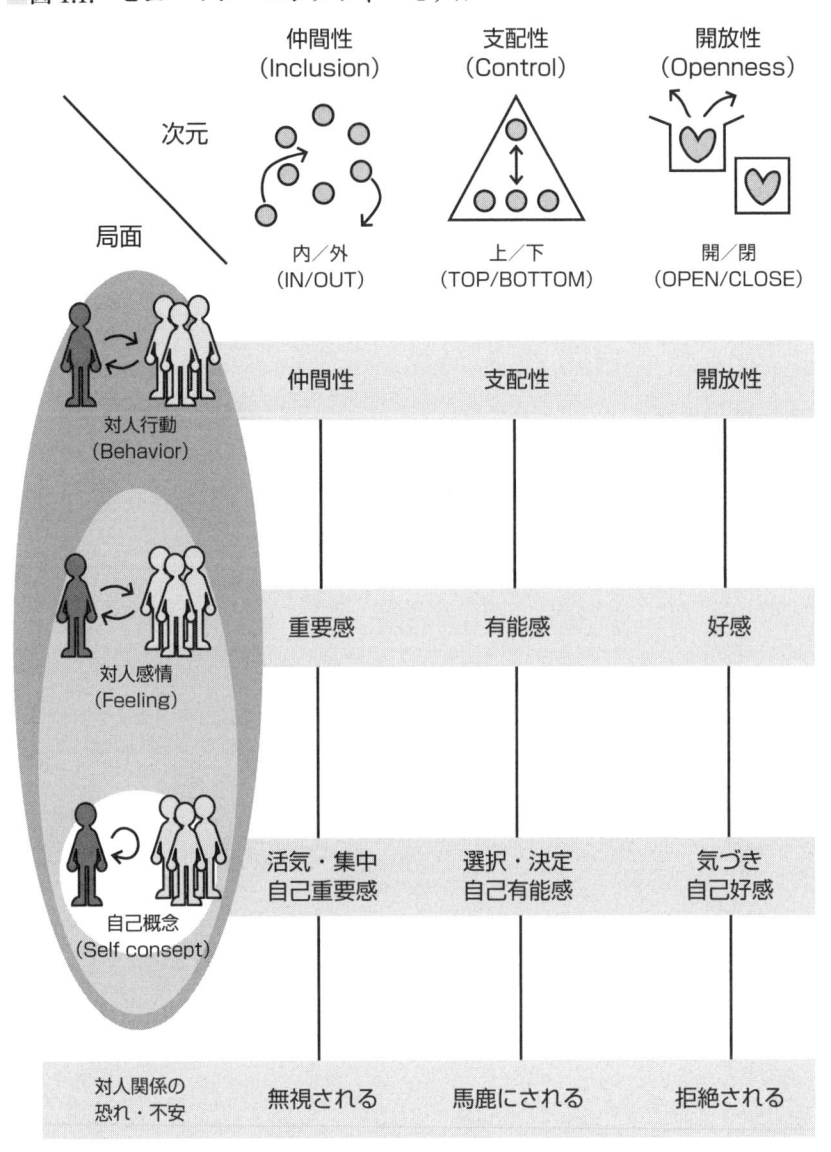

局面 \ 次元	仲間性 (Inclusion) 内／外 (IN/OUT)	支配性 (Control) 上／下 (TOP/BOTTOM)	開放性 (Openness) 開／閉 (OPEN/CLOSE)
対人行動 (Behavior)	仲間性	支配性	開放性
対人感情 (Feeling)	重要感	有能感	好感
自己概念 (Self consept)	活気・集中 自己重要感	選択・決定 自己有能感	気づき 自己好感
対人関係の恐れ・不安	無視される	馬鹿にされる	拒絶される

2. ヒューマン・エレメント・モデルの要素

対人行動	どの程度の度合いを好むか		
	仲間性	支配性	開放性
他者に対して取っている行動	人と社交的に付き合うことを好むか，一人きりでいることを好むか	人を統制することを好むか，任すことを好むか	人と開放的に本音で対処することを好むか，プライバシーを持つことを好むか
対人感情	他者をどの程度感じているか		
	重要感	有能感	好感
他者に抱いている感情	他者を重要で大事な存在であると感じているか，感じていないのか	他者を有能な存在であると感じているか，感じていないのか	他者に対して好感を持っているか，持っていないのか
自己概念	自分自身について自分でどのように感じているのか		
	活気・集中	選択・決定	気づき
	生き生きと今やることに集中しているか	自分の人生を自分で決定しているか	自分の気持ち感情に気づいているか
	自己重要感	自己有能感	自己好感
	自分のことをどの程度重要に感じているのか	自分のことをどの程度有能に感じているのか	自分のことをどの程度好感を持っているのか
対人関係の恐れ・不安	心の奥底で恐れていることは何か		
	無視される	馬鹿にされる	拒絶される
	意識的無意識的に無視される状況を避ける	意識的無意識的に馬鹿にされる状況を避ける	意識的無意識的に拒絶される状況を避ける

第1章：ヒューマン・エレメント・モデル

3. ヒューマン・エレメント・モデルの3つの基本的次元

　ヒューマン・エレメントの仮説を実際に役立つ道具とするためには，対人関係と自己概念を理解し，また，その関係を明らかにする3つの基本的次元である，仲間性，支配性，開放性を理解することが重要である。まず初めに，これらのコンセプトについて話をするために基本的な語彙を説明する。

> 　組織で働く際に，多くの異なったトレーニングの手法があり，そして，組織生活にも様々な面があることを感じることがよくあるが，ほんの2，3の根本的な原則を用いることによって，多くの異なっていたものを効果的に運営できる枠組みに単純化することができる。自己概念や人間関係を描写する言葉は，人間の機能を明らかにし，評価し，測定できるようにするための構成要素である。このセクションの中で紹介された言葉は，後の議論のための語彙として，また，アプリケーションの重要な要素として用いられる。

　「組織における現象の基本的次元」についての項目の候補はいくつかある。ウォーレン・ベニスは，リーダーの特徴の中で中心的な役割を果たすセルフエスティームと，重要感と有能感の重要性について語っている。
　ジョハリの窓は，情報を4つの型にして叙述する。「私が知っていて，あなたも知っていること」「私は知っているが，あなたは知らないこと」「あなたは知っているが，私は知らないこと」「私も知らないし，あなたも知らないこと」。
　マイヤーズ-ブリッグス・タイプインディケーターは，内向-外向，思考-感情，認知-判断，直感-実感の次元を使用する。
　オーウチのセオリーZは，日本のコンセンサスによる意思決定の特徴を述べている。
　ロバート・ブレークとジェイン・モートンのマネジリアル・グリッドは，生産に対する関心と人に対する関心を含んでいる。

3. ヒューマン・エレメント・モデルの3つの基本的次元

　スティーブン・コビィは，効果的な人々の7つの特徴をリストしている。「前もって準備をする」「心の中に到達する状況のイメージを初めから持つ」「最初にすべきことを最初にやる」「勝−勝（ウイン−ウイン）の関係を目指す」「まずはわかろうと努力し，それから理解されるよう努力する」「シナジー効果を生み出す」「鋸歯を研ぐ」。
　ピーター・センゲは，5つの項目の特徴を述べている。「システム思考」「個人の支配力」「メンタルモデル」「共有されたビジョン」「チーム学習」。
　基本的なパーソナリティの特徴を描写する統計学のアプローチは，今，5大要因（敏感，外向性，開放性，同意，良心）について話している。
　これらのコンセプトは全て，完全に異なるのだろうか？　重複しているだろうか？　様々な理論家は，同じ状況の異なる側面を単に見ているだけなのか？　長年の経験と研究によってこれら全てのマネジメント・コンセプトを生み出し，コンセプトの相互関連を説明できる根本的な次元の組み合わせを発見することができたのである。根本的な次元を発見するのに使われた一つのツールは，ファセット・デザインと呼ばれるものである。ファセット・デザインは，多くの異なるコンセプトの基礎をなす面（ファセット）を捜す。
　例を用いて説明すると，内向性（マイヤーズ−ブリッグス）と外向性（5大要因）は行動である。重要感（ベニス）と開放性の一部（5大要因）と生産（ブレークとモートン）に対する関心は，感情である。人に対する関心（ブレークとモートン）と共有されたビジョン（センゲ）は，一人の人と他の人の関係である。直感（マイヤーズ−ブリッグス）は，意思決定方法である。このように，これらの種々のコンセプトと理論の基礎をなしている局面は，少くとも次のことを含んでいる。「行動」「感情」「人間関係」「意思決定の方法」。

　理論を開発しようとしている者として，私は，根本的な構造がこれらのコンセプトの関連を明らかにすることができるかどうか知りたかった。そして，物理的空間（スペース）を3つの次元を使って説明できるように，個人，人間関係，組織における人間の「物理的空間」を，私が，仲間性，

第1章:ヒューマン・エレメント・モデル

> 支配性,開放性と呼んでいる3つの次元によって説明できるという結論を得たのである。

次元1　仲間性
私は,内(イン)にいるか,外(アウト)にいるか?

〈事例〉　私がある大きな製紙会社の工場でコンサルティングをしていた際,夜勤のアービィングが居眠りをしていたところを見つかった。工場長は激怒して,彼を解雇しようとしていた。私は,この問題にヒューマン・エレメントの手法を用いるようになんとか工場長に説き伏せ,この処置によって影響を受ける全ての人を集めたミーティングを開き,この問題の処置の方針について合意を目指した。

　工場長やマネジャーやアービィングと一緒に夜勤勤務をする人たち全員が出席した。夜勤勤務の人たちの話し合いで,全員がアービィングとの問題を抱えていることが明らかになり,それぞれが違った不平を持っていた。

　メンバーはアービィングに,一緒に働いている一人ひとりと1時間ずつ過ごし,彼に対する反応を聞き,その問題を解決するように言った。もしアービィングがそうするなら,彼は解雇されずに,1日分の支払いを削られるだけだった。アービィングは喜んで同意した。工場長は,驚きながらも何も言わずに傍観していた。工場長はこれらの問題のことは知らなかったし,アービィングの同僚が喜んで彼を助けようとする意欲や関心,そして,アービィングを気にかける気持ちにも気づいていなかった。3ヵ月後,私が戻ってみると,アービィングは私のところに走ってきて,大きく微笑みながら抱きついてきた。彼はその日のスケジュールを担当していた。後で聞いた話だが,アービィングはどのシフトの人たちと比べても最も生産的なワーカーであり,自分のプライベートな時間をさいて残業することもあったのだった。

仲間性と対人関係

　対人関係のコンセプトとして,仲間性は人とのつきあい方に関係する。例

3. ヒューマン・エレメント・モデルの3つの基本的次元

えば，注目されたい，やりとりしたい，集団に属したい，ユニークでありたいという欲求である。また，私がユニークであるということは，私がどんな人間か見てみたい，とあなたに思わせるほどの興味を起こさせることを意味している。(「はじめに」でも述べたように，ここで再び普遍的な「私」を使い始める。「私は静かで引っ込み思案かもしれない」が意味するところは，「この状況においては，誰もが静かで引っ込み思案かもしれない」である)。人間関係における最初のテストとして，私はまず自分自身をあなたに提示して，私のどんな部分にあなたが興味を持つのかを知ろうとする。あなたが私の言うことに関心を持っていると思えない場合には，私はおとなしく，引っ込み思案になるかもしれない。仲間性は，個人と個人の間に強い感情的なつながりを必要とはしない。誘われることへの私の関心は，優越することではなく，むしろ目立つことである。仲間性は集団形成のプロセスにとって重要なので，通常，集団活動における最も初期の対人関係の問題である。私の最初の決定は，私はこの集団のメンバーになりたいか，つまり，私は，集団の内（イン）にいたいか，外（アウト）にいたいかである。

私の仲間性の行動には，二つの側面がある。すなわち，合理的な部分と防衛的な部分がある。合理的な部分は，他の人とどれくらい接触を持つかという私の好みを表現する。防衛的な部分は，仲間性についての私の不安を表現する。合理的な部分は，柔軟で，状況に適応できる。防衛的な部分は，柔軟性に欠ける。すなわち，状況に応じて変化しないので，結果的に（本章の後で検討する対処と防衛のメカニズムのような）不適当な行動となる。私が自分自身をどう感じているかによって，合理的な部分と防衛的な部分が混じり合っている。私のセルフエスティームがより健康なものになり，自己の気づきがより高まれば，私の合理的な部分がより大きい役割を果たすのである。

私の社交性が低すぎる時（つまり柔軟性に欠ける，―全く変わらない。これは防衛の結果であり，低い仲間性によって特徴づけられる），私は内向的であり，引っ込み思案になる。私は，自分と他の人との距離をあけておきたい。私は人々に巻き込まれたくないし，人と一緒にいることによってプライバシーを失いたくない。私の最大の恐れは，人々が私を無視したり，見捨てたりすることである。私の最大の不安は，自分が価値がなく，つまらなく，

第1章:ヒューマン・エレメント・モデル

重要でないことである。私の無意識の態度は,「誰も私に興味を持っていないので,これ以上無視されるような危険を冒すことなどしたくない。私の方が先に皆を無視して,私は自分一人でやっていく」。引っ込み思案になる背景には,人は私を理解してくれないと思う個人的感情がある。無意識のうちに,誰も私のことを注目に値するほど重要だとは思っていないので,私はほとんど価値がないと感じてしまう。私は集団の内(イン)に入る試みをやめてしまう。

対照的に,社交性が高すぎる状態(防衛のために柔軟性がなく,いつも高い仲間性によって特徴づけられる)の時,私は外向的である。私は絶えず人々を求めて努力し,皆にも私を探し求めて欲しいと思う。毎晩,私の名前を知っている人のいるバーへ行くのが楽しい。私の恐れは,人々が私を無視することである。私の無意識の態度は,「誰も私に興味を持っていないが,皆にできるだけ私に注目を払うようにさせてやる」である。私は一人きりでいるのが我慢できないので,接触を求めて努力する。私の行動は,皆の注意を私に集中させ,私に気づくように,私が目立つように設定されている。私が誘われるための直接的方法は,熱心で,自己顕示欲が強く,人の気持ちを分かち合うようにすることである。私の巧妙な方法は,注目を集めるために権力を持ち,皆から好かれることを目指すやり方である。私に不安がある場合,私は社交性が低過ぎる行動と社交性が高すぎる行動の両極端の間で揺れてしまう。例えば,私はミーティングで報告の発表者になりたがるか,さもなければ,関心を失って,居眠りをしてしまうだろう。

社交性が適度にある時(適当な仲間性によって特徴づけられる時),私の仲間性の問題は解決され,人々との関係において問題はない。私は人と一緒にいることも快適であり,一人きりでいることも楽しめる。私は集団へ強く参加することもできるし,また,適当と思われる時には,気持ち良く集団と距離をおくこともできる。

〈事例〉 当直で寝入ってしまうという事件が起こる前は,アービィングは,同僚から無視されていると感じており,社交性が低すぎる行動をとることによってその気持ちに対処していた(この行動パターンは,人々と一緒にいるのが好

3. ヒューマン・エレメント・モデルの3つの基本的次元

> きだという，彼本来の好みの行動パターンに反していたが，社交性が低すぎる行動を選択することにより，人々から無視されることを防衛していたのであった)。彼のためにミーティングを開くことは，その理由がポジティブであれネガティブであれ，人々が彼を取り込んでくれるということが，彼にとっては重要であったので，アービィングの気持ちを陽気にさせ，彼は同僚に対する態度を変え始めたのである。彼は，仕事で初めて，仲間になっていると感じたのだった。

▍仲間性と重要感と生き生きしていること（アライブネス）

　仲間性の行動を生み出す基礎となるものは，まわりの人たちに対して表現したり，まわりの人たちから受け取ったりする，重要であるという感情である。あなたが私のために存在し，私にとって大切で，私のために意味を持つ時，あなたが重要であると私は感じるのである。私があなたに注目し，あなたがいないことに気づき，あなたを気にする時，私はあなたを重要だと思っていることを示している。あなたが私のことをいろいろ配慮してくれたり，私に話しかけてくれたり，私を認めてくれたり，私に感謝してくれたり，そして，まるで私が重要であるかのように私に対して振る舞ってくれる時，人間として，同僚として，あなたが私を重要だと思っていると私は感じるのである。あなたが私を重要だと思っていると感じることは，必ずしも，あなたが私を有能だと思っているとか，私を好きだと感じているということを意味するのではない。例えば，好かれていないし有能ではないが，重要な上司であることもある。重要でないと感じる私の恐れは，無視されるとか，見捨てられることである。あなたが私を重要だと思わなければ，なぜあなたは私に注意を払う必要があるのか？

> 〈事例〉　アービィングのことを話し合うミーティングに大勢の人が時間を取って参加し，彼のことを心配し，彼にどう関わっていきたいか（明らかに，人々はアービィングとの人間関係を改善したかったし，彼が仕事を続けられるように助けたかった）を話し合ったという事実は，アービィングに人々が彼のことを重要だと思っていることを伝えたのだった。アービィングは，皆が自分に明確な信号を与えてくれていたにもかかわらず，自分の低い自己重要感から，

第1章：ヒューマン・エレメント・モデル

> 人々が自分を重要だと見ているとは思えない体験をしていたのであった。自分は重要でないと感じているアービィングの気持ちは，彼に対するどんな申し出も否定的に解釈させてしまった。同僚が自分のことを気にかけてくれて，現実にその気持ちを自分に言ってくれる多くの同僚にアービィングは驚き，最後には，自分は重要でないと感じている気持ちを忘れてしまったのである。このことがアービィングのやる気を大いに高める源となり，重要感の感情を高め，より効果的に仕事を行うための動機づけとなったのである。結果として，彼が以前には持っているとは思われなかった能力を発揮することとなった。

　私が自分のことを重要だと思えると，自分の存在のあるなしが大きな意味を持ち，自分が大切な人間であり，意味のある，価値のある存在であることがわかる。私が重要でないと感じる時，自分は大切でないし，意味がないと感じる。私が生きようが死のうがたいした問題ではない。自分に感じている気持ちと，私が他の人のことをどう思うか，そして，私が他の人にどう行動するかは，全て結びついているのである。自分が重要でないと感じれば感じるほど，無視されたり，放っておかれることを恐れて，それが現実になることを予期する。すなわち，他の人は私のような重要でない人間に関心を持つことなどできないので，まるで私が存在しないかのように行動すると予期するのである。この「無意味な存在である」という感情はあまりに不快なので，私はその気持ちを自分の意識から排除してしまったり，無意識のうちに様々な病気として身体の中に表わすこともある。

　重要でないという感情は，他の人たちが私を重要でないと感じていることと同じではない（また，客観的尺度があり，実際に私が重要でないという事実があって比較したとしても同じではない）。私の認知が他の人たちの認知や，どれくらい自分が「現実に」重要であるかということにかかわらず，自分がどのように感じるかという自己認知に基づいて反応するのである。重要でないという感情は，大部分は幼い頃からのものであり，この感情は自分自身の認知に源を発しているので，外部の条件が変わったからといって必ずしも変わるものではない。

3. ヒューマン・エレメント・モデルの3つの基本的次元

> 私が教えていたクラスで，我々は自己概念について話し合っていた。私は，自分の主要な問題は重要感であると話した。私は自分が重要な感じがしなかったし，また，自分が重要だと思えたという体験を思い出すこともできなかったのである。学生たちはひどく驚いた。「先生はこの大学ではよく知られた教授で，多くの学生にとっては重要な人なんですよ。どうして先生は自分が重要だと思えないのですか？」本質的には，彼らは正しかった。私は決して名前の通った名士ではなかったが，ある程度注目されていたし，中には，私についてもっとよく知りたいと私に興味を持っている人たちもいた。それでも，私は自分が重要な感じがしなかった。そして，最後に私が出席した高校の同窓会で誰も私を覚えていなかったという事実が証明していたように，私が本当に重要な存在でなかった高校時代の感情を思い出したのだった。明らかに，私の認知は，自己概念が固まる10代の頃のまま止まっていたのである。

社員が個人的に重要な存在ではないと感じており，そして，組織が社員を重要だと考えていない時，重大な士気の問題が起こる。例えば，英国のビスケット会社でヒューマン・エレメント・ワークショップを行った際，財務部門の全員が自分たちは職場で重要な存在ではないと感じていたことがわかった。「上司は，朝，いつも私に何も言ってくれない。彼は私の机のそばを歩いて通るだけなのです」。グループに参加していた上司は，これを聞いて驚いた。「君たちが私がおはようと挨拶するかどうかを気にしているとは全く知らなかった。それどころか，声をかけたら君たちの仕事の邪魔になると思っていた」。これは，解決しやすい問題であった。上司はおはようと挨拶することができて喜び，部下は挨拶されて嬉しかった。上司も部下も，相手に認められたり，感謝されることの重要性が単にわかっていなかったのである。

私が他の人や自分に対して重要であることを知る以外にも，自分の考えや感情，感覚，身体の動きを含んだ生きている存在として自分の重要感をある程度体験するのである。この次元を生き生きしていることと名づける。私が

第1章：ヒューマン・エレメント・モデル

　追求していることは，最高に生き生きすること，つまり，自分を最高に活用するという喜びを感じるために行動することであり，同時に，できるだけいやな行動を避ける選択をすることである。私が考えるのをやめたり，自分の感情を抑制したり，自分の感覚に気づかなかったり，自分の身体を使わなかったりしたら，私は自分の体験を制限しており，十分には生き生きしているといえない。時には，私は自分が望むほど生き生きしていないことがある。私は死んでいるような感じがしたり，疲れた感じがしたり，空白感を感じるのである。私を刺激するものが何もない時，退屈している時，まわりの環境に対しても鈍感で身体が何も感じない時，不快なものや死んでいるような感じを取り除いて，何か別のものを感じたいために，「覚醒剤」を使おうと思うかもしれない。

　また，別の時は，私は自分が望むより生き生きし過ぎていると感じる。人生はあまりに骨の折れることである。考えることはあまりに難しく，報われない。嫉妬，怒り，拒絶，屈辱といった感情は，扱うにはあまりに大きすぎる。身体の感覚は不快である。私の身体は，傷つき，痛み，苦痛を感じ，思うように反応しない。私がドラッグに頼るとしたら，鎮静剤を使い，不快な体験から逃れるために自分自身を麻痺させようとするだろう。私は「最後に私が本当に生き生きしていると感じたのはいつだったか？」と自分に尋ねてみる。私は「遠い遠い昔」と悲しみながら答えるかもしれない。その瞬間は幼年時代であったかもしれないし，スポーツをやっていた時とか，命を脅かされるような危険のある冒険をしていた時だったかもしれない。このことが，スポーツや激しいアクション志向の映画やイベントが絶大なる人気である理由の一つであろう。多くの人にとっては，平和な暮らしは倦怠感と生気のなさを生み，その満たされない気持ちを空想によって補うしかない。戦争がどうしてもなくならないのは，同じ現象に起因しているのかもしれない。つまり，無意識の内に，我々は自分を活気づける体験を切望しているのである。

> 　私は，少年の頃，よく友達と空き地でアメリカンフットボールをやった。雨の中でも，傷ついても，あざができても，血が出ても，ひどく疲れても，

> たとえチームが負けても，何時間もプレーできた。両親から同情を得るなんてことは全くできなかった。これこそ徹底的な否定的な体験ではなかったか？　身体は痛み，私は負け，そして，勝利の喜びがなく，賞賛もなかった。奇妙なことは，その翌日プレーをしないなんてことは私には想像もつかなかった。なぜだろう？　私はプレーしている時，生き生きしていると感じていたのだ。私は自分自身を使っていたのである。私は身体の全てを働かしていた。私は，他の生活における体験よりはるかに広範囲にわたる感情を体験していた。栄光や愛情によって動機づけされていたわけではなかった。確かに，時たまそれらによって動機づけられたこともあったが，多くの場合は違っていた。生き生きしているという感覚が，私に強いやる気を生み出したのである。

　生き生きすることの源は，単に活動的な運動に限られたものではない。多くの人は，瞑想する時，祈る時，考える時，自然と一体になる時，一人でいる時，最も生き生きすると感じている。また，あふれるほどの生気を平和と静寂の中で体験することもできる。

　残念ながら，生き生きさせてくれる組織文化は本当に少ない。悲しいことに，「最後にあなたが本当に生き生きしていると感じたのはいつだったか？」と尋ねられた人たちの中で，仕事をしている時だと答える人はほとんどいない。組織のリーダーは，組織の規律で生き生きすることを維持するのは難しく，結果として，大混乱が起こるかもしれないと思っているので，生き生きすることを十分に支持しないのかもしれない。例えば，旧ソ連で，ミカエル・ゴルバチョフが抑圧という伝統的な形態を弱めようとした時，市民は完全に自由になりたかった。そのエネルギーの大波はゴルバチョフを排斥し，ボリス・エリツィンを担ぎ上げ，そして，エリツィンをも脅迫するようになった。本書を執筆している現在も，ロシアは，いかにロシア国民に長く抑制されたエネルギーの表出を許すか，そして，国を破壊することなしに効果的な新しいパターンへそのエネルギーをどのように導くかという問題に直面している。

第1章：ヒューマン・エレメント・モデル

　組織が創造性とリスク・テーキングを奨励すると，秩序と礼儀正しさを維持することを目指す通常のやり方は本当に揺さぶられてしまうのである。各個人と同様，組織における問題は，完全に生き生きしていることを許すことと規則正しい手続きに従って生き生きしていることを利用することとのバランスを成し遂げることである。生き生きしていることに関するポジティブな組織の方針とその実践を反映している最も適切な表現は，次の通りである。「私は仕事に来るのが楽しい」。私が仕事に来るのが楽しいと思ったら，それは，私が自分の能力を最大限に使っており，その結果，成長していると感じることができ，生きていると実感する興奮を感じるからである。そして，それは，勤労意欲，生産性に重要な影響を与える。

〈事例〉　アービィングが居眠りをした時，彼は全く生き生きしていなかった。「私にとって何も意味がなかった。自分に何が起ころうが，工場に何が起きようが，気にならなかった」。彼は同僚とのミーティングによって生き生きした気分を取り戻し，より生き生きすることができるようになった。ミーティングで意気揚々となったのは，部分的には，いかに彼が重要な存在であるかを再評価されたからであった。同僚から注目を得ることが自動的により高いセルフエスティームを与えはしないが，通常，少なくとも本人が考えるための機会を与えてはくれる。アービィングは，自分が生まれた地域では自分が人種的には少数派であったことなど，過去を振り返り始めた。また，不安定な家庭生活の生い立ちが，自分が重要な存在ではないと思わせてきたのだった。彼の行く手にはまだ長い道のりがあったが，自己概念を強くし，さらに多くの新しい課題に取り組み，自ら志願して挑戦することによって自分を試し始めた。個人の災難として始まったことが，アービィングの成長体験となった。彼が会社や同僚との生活においてかけがえのない一員となった時，彼の対人関係，重要感の感情，活気の感覚は良い方向に変わり始めたのである。

仲間性(インクルージョン)の要約

問題 ➡	内(イン)か外(アウト)(目立つこと)か
他者に対する行動 ➡	取り込む(仲間にする)
セルフ(自己)に対する行動 ➡	生き生きしている
根底にある感情 ➡	重要感
やりとり ➡	出会う,ふれあう
対人関係の恐れ ➡	無視される,見捨てられる
個人の恐れ ➡	つまらない,重要でない,価値がない

第1章：ヒューマン・エレメント・モデル

振り返り　仲間性（インクルージョン）について考える

　以下の設問は，これまでのセクションについて，また，組織と自分自身について私がどのように考えているかということに仲間性の原則を当てはめてみようというものである。答えが正しいとか誤っているとかいうことは一切ない。この目的は，気づきをより高めることである。

1. 私の組織だったら，アービィングの問題をどう扱うだろうか？
2. アービィングの処置について私はどう感じているか？
3. 私は自分の組織の仲間性のアプローチの特徴をどう表現するか？（高い仲間性＝多くのミーティング，他の人への簡単な接近，オープン・スペース／低い仲間性＝個別のオフィス，多くの壁，直接顔を突き合わせるミーティングの少なさ）。
4. 私の組織の仲間性に対するアプローチの長所と短所は何であるか？　私の組織のアプローチはどのように変わらなければならないと感じているか？
5. 重要感の問題は，私の組織ではどれくらい大切であるか？　また，我々の生産性にどう影響を及ぼしているか？
6. 人が初めて私に会った時，どのように反応するか？　時間の経過につれてその反応は変わるか？　もしそうなら，どのように変わるか？　それはなぜか？
7. 人があたかも家族の中の誰かに対応するように私に反応する時，私は家族のどのメンバーの役割をとっている傾向があるか（父，姉妹，叔父，母など）？　その家族メンバーの特徴は何であるか（厳しい父，支持してくれる母，若い妹など）？
8. 他の人の反応は，私が効果的であることにどれだけ助けになるか？　また，私の効果性をどのように邪魔するのか？（この質問は，重要感について考えてもらう）。
9. 私は自分の他者との関わり合いのパターンをどう思っているか？　私は何を変えたいと思うか？
10. 私は次の文章をどう思うか？「自分に注目させようとする行動と自分への注目を全て避けようとする行動との間で揺れながらも，単に一般的な参加者では満足できないという人は，自分の重要感を心配している」。今までに，そのような人に出会ったことはないか？

次元2 支配性（コントロール）
私は，上（トップ）にいるか，下（ボトム）にいるか？

〈事例〉 ある有名銀行が，不良貸し付けのために何百万ドルという損失を出した。そこで，何がうまくいっていなかったのかを発見するために，信用調査部の全員が合宿訓練を行うことになった。信用調査部副部長のコーウィンは，すぐに関心の的となった。他の人たちと比較して，自分の能力に自信満々であったコーウィンが非常にできる人間であるということは明らかだった。コーウィンは事細かく管理し，実質的には全ての事を自分一人で行うことで，自分が能力があることを証明していた。

しばらくの間は，明らかな有能感によって，たいした苦労もなく，事細かに管理することによって無難に生産性を維持することができたのだが，だんだんと時間が経つにつれて，彼の部下たちは全く責任を与えられないので，スキルを向上することもなく，同時に，仕事への関心も失い始めていった。

部員たちは，合宿訓練でとうとうこの感情をオープンにした。コーウィンの事細かな管理が，この部の失敗の根本であったことがわかり始めた。審査の仕事（その不良貸し付けの審査においても）は，一人の人間が扱うにはあまりに大きく，複雑になってしまっており，特に，ローン交渉の重大な局面でコーウィンが病気だったので，彼が不在だったということが，通常のいくつかの安全装置が無視されてしまったということを意味していた。

最終的にこの部の全員がその問題を認めると，彼らは，皆から好かれている人物をもう一人の副部長として昇進させることを決め，その人にこの部内の仕事の割り当てを行ってもらうようにした。さらに，コーウィンの能力を認めた上で，彼の仕事の一つを6ヵ月毎にこの部の他のメンバーの一人に委任して欲しいと頼んだ。このことは，コーウィンを教師の役割に就けることとなったのである。コーウィンは，静かに，そして，いやいやながら同意したのだった。

6ヵ月後，コーウィンの仕事の引き継ぎは起こらなかった。コーウィンをオフィスのまわりでほとんど見かけなくなり，結局，彼は新しい部署に移って行った。

第1章：ヒューマン・エレメント・モデル

▍支配性と対人関係

　支配性は，人々の間の影響力，権威に関係する。話し合いの中で，私が仲間性を求めているとしたら，私は話し合いの参加者の一人でありたい。私が統制を求めるなら，私は支配したい。つまり，私は勝利者になるか，少なくとも勝利者の側についていたい。もし選択を強制されるなら，仲間性を求める人は，負けてもいいから参加者であることを好む。一方，支配性を求める人は，積極的に参加しない勝利者，つまり，仲間のチーム・メンバーが勝利を確実にするまでの間，ずっと観察していることを好むのである。

　支配性行動では，目立つことは必要でない。仲間性行動は，支配を必要としない。また，支配性行動は，統制されることに対するその人の抵抗の度合で明らかになる。独立とか反乱という表現は，抵抗を示す。迎合する，服従する，命令を受け入れるということは，統制されていることを受け入れたことを示す。

　他者を統制したいという好みと，他者に統制されたいという好みは，必ずしも関連するとは限らない。私は部下を統制することを好むと同時に，上司から統制されることを好む「会社人間」かもしれない。私は，トップマネジメントに反抗する権威主義の中間管理職のように，統制することは好むが，統制されることは一切好まないかもしれない。私は，誰も人に命令を与えないフラットなパワー構造をむしろ好むかもしれない。私は命令に従うことを好むが，命令を与えることには気が進まないかもしれない。時として，「虎の意を借りる狐」の行動を好む部下は，同時に支配性の欲求と低い仲間性の欲求を満たしている（逆に，オフィス・コメディアンは，高い仲間性の欲求と支配性に対する低い欲求を持つ人間の例である）。

　グループが形成され，人間関係が発展し始めた後に，通常，支配性の問題は起こる。人々は異なる役割（リーダー，ジョーカー〔冗談をいう人〕，ヘルパー，反対者，調停者）を求めて努力し，権力闘争，競争，影響力が主な問題となる。支配性に関する典型的なやりとりは，対決するか，慎重に対決を避けるかである。最初は，組織におけるほとんどの問題が支配性の問題—権力闘争，縄張り争い，派閥，中傷—のように見えるが，これらの徴候は，本当は仲間性か開放性の問題であることがよくある。

仲間性と同様，支配性における私の行動は，合理的な部分と防衛的な部分の二つの側面がある。合理的な部分は，私の人生についてある程度統制したいという私の好みを表わしている。防衛の部分は，どうすることもできないという恐れや自分の責任に圧倒されるという恐れから生まれる。合理的な部分は，柔軟で，その状況に適応することができる。防衛の部分は，状況にかかわらず，柔軟性に欠ける。私は，合理的な部分と防衛的な部分とが混合しているのである。自己の気づきとセルフエスティームが高まれば高まるほど，私の行動はより合理的になり，防衛的でなくなる。

私が世捨て人である（防衛の結果，低い支配性に固まっている）時，自分のパワーを放棄する。私は，自分が責任をとったり，意思決定を行うことを期待されていない部下の役割をとる。他の人が私の義務や責任を取り除いてくれることを望むのである。統制が必要な時でも，私は他の人を統制しない。例えば，私は上司でありながら，自分の業務のうまくいっていない部分を修正するために必要なことを全く行わない。ぐずぐずして，何事も先に延ばす。私は，「上役をびっくりさせる」ような決定を絶対に下さないし，また，責任を取ることも決してない。

私が独裁者である（防衛の結果，高い支配性に固まっている）時，私は極端に何でも支配する。私の直接的なやり方は，パワーを求め，競争することである。私は他の人に影響を与えることができないこと，つまり，他の人が私を支配することを恐れる。根底にある私の感情は，世捨て人の感情と同じである。つまり，私には能力がない。この感情を補うために，私は自分が能力があることの証明を試み続け，結果的に，あまりにたくさんの責任を抱え，燃え尽きてしまう。支配性を得るための間接的なやり方は，策略に富み，誘惑的であり，人々を誤解させることである。

私が民主主義者（適当な支配性）である時，幼年時代に自分の支配性の問題をうまく解決したので，パワーと統制は，現在，問題となって現われてはこない。私は，状況に合っていれば，命令を与えることも与えないことも快適に感じるし，命令を受けることも受けないことも快適に感じる。世捨て人や独裁者と違って，自分の無力感や愚かさや無能力に対する恐れで心を奪われることはない。私は有能な感じがするし，他の人たちも私の意思決定の能

力を信頼していると確信している。

> 〈事例〉　合宿研修後，コーウィンとの話し合いで，彼が外見とは逆に，有能感について不安であったことが明らかになった。コーウィンの父は，彼が何をやるにしても非常に高い目標を持たせた。コーウィンは心の中で絶えずこのことを忘れずにいたが，一方で，この高い目標は決して到達することはできないとも思っていたのだった。コーウィンの不安に対処するやり方は，普通の反応であった。皆に，とりわけ自分自身に，自分が本当に有能だと信じさせるための必死の試みとして，まず，細かいところまで管理して全てを運営することにした。コーウィンは独裁者になり，最終的には独裁者の宿命であるバーンアウト（燃え尽きる）してしまった。彼は失敗すると，今度は全く正反対の世捨て人になり，自分の能力における欠点が暴露されないように何もしないで，最後にはこの部を去ってしまった。どちらの反応も，この状況にはふさわしくなかった。

▍支配性と有能感と選択

有能感　支配性行動の基礎をなすものは有能感であり，能力があるかないかという感情を伴う体験である。有能感は，一般的に意思決定を行い，問題を解決する能力にかかわる。私が社会に対応でき，自分の欲求を満たすことができ，大災害を避け，仕事を維持し，自給自足ができて，衣食住にかかわるものを十分に持つなら，私は有能である。あなたが私に責任を与えてくれ，そして，自分一人の力では難しい仕事をやらせてくれる時，あなたが私を有能だと思っていると私は感じる。私の仕事とその成果の質に対する賛辞といろいろな報酬をもらうことで，私はあなたが私を有能だと感じていると思う。あなたが私を有能だと思うことは，必ずしも，あなたが私を重要だとか，好きだと思っていることを意味するのではない。例えば，不快だが，腕利きの事務員は存在する。

　無能だと感じることに結びつく恐れは，バカにされる，恥をかく，非難を受けやすいという恐れである。私は有能だと感じる時，自分が知的で，強く，まわりと調和し，生きていく上での問題に対処できると感じる。私は無能だと感じる時，正反対の気持ちを感じる。「弱い」「混乱している」「無力」「人生に対処することができない」。私が社会で成功するためには他の人から多

くの助けと指導が必要だと感じ，援助や指導をもらって私が成功できるかどうか確信できない。私が無能だと感じる度合に応じて，人々が私が偽だとわかる（必ず気づく）とすぐに，私はバカにされるだろうと恐れ，そして，そうなるだろうと予期する。つまり，私は自分が何を知っていなければならないかがわからないし，自分ができなければならないことができないので，人々は私を信頼することができない。重要でないという感情と同じように，有能でないという感情とバカにされることに対する恐れがあまりに大きいので，私はこれらの感情を無意識にしまい込み，これらの感情に気づかないように自分を防衛する。有能であるという感情は，自分自身の中から生まれてこなければならない。外部から補強してもらうことは助けにはなるが，それは有能でないという私の感情の奥底には届かないのである。

> 〈事例〉 コーウィンは身動きがとれずにいた。客観的に断定されたわけでもないのだが，有能でないというコーウィンの根底にある感情は，彼が提案する全てのアイデアは彼そのものであって，解決案の一つと見なすことができないようにしてしまった。間違うことは，直ちに彼が有能でないという無意識の思いを強めるので，彼にとってはいつも正しいことが不可欠であった。業績に関して多くの不安があったので，それぞれの問題を一つ一つ独立した問題として見なしたり，自分が最も良いアイデアを持っていることを認めたりすることは，コーウィンにとって非常に難しかった。また，もし他の誰かが最も良いアイデアを持っていたとしても，自分が能力がないということではないと認めることも，コーウィンには非常に難しかったのである。有能感は社会的なやりとりの重要な要素になりえるので，コーウィンのような柔軟性のなさ（こだわり）と防衛は，組織における葛藤と効率の悪さに対して非常に大きな影響を与えるのである。

選択 支配性の次元の中心は，選択（自己決定とか自治とも呼ばれる）である。私が自分の人生の全て―行動，考え，感情，病気，身体，反応―を選択している時，私は完全に自己決定しているといえる。まるで自分の人生が外部の力―運，偶然，運命，共時性，経済，環境，社会，私の両親，遺伝，幼年時代，法律，宿命，上司，組織―などによって決められているかのように

第1章：ヒューマン・エレメント・モデル

行動する時，私は自己決定していないといえる。

　何かが，あるいは，誰かが何をしたらよいかを私に言ってくれればよいのにと思うことがある。私は重荷を背負いすぎていると感じる。私は責任ある大人ではなく，むしろ子供のようになりたい。「仕事を私に与えて下さい。そして，私の経歴も私のために選んで下さい」「おまえから離婚を言い出してくれ。私から離婚を言い出したという罪意識を取り除いてくれ」。

　私は自分の人生を完全には選んでいないと感じることがある。私は自分がしたいと思っていることをしているとは思えない。誰かや何かに対して義務感を感じる。自分より強い誰かによって，あるいは，強い何かによって，自分が欲しているものを得ることを邪魔されているような感じがする。

　人間の能力の限界をテストした者はまだ誰もいないが，能力を広げるための主な要因は，私が自分の人生を自分で決定し，自分自身や人間関係や仕事の状況に自分が望む変化を起こすことができると信じることである。このように考えることは，自分に影響を及ぼしている自ら課した限界を避けることができ，限界を越える方法を与えてくれるのである。私に何も防げるものがなければ，いかに成功するかを考えるために自分のエネルギーを使うことができる。かつて，ヘンリー・フォードは次のように言った。「あなたができると思うのも正しいし，あなたができないと思うのも正しい」。最初からあるものを変えることができないと仮定するのは，やってみる前から限界をつくっていることになる。

　選択のコンセプトは道徳とは関係ない。ここでは，何が良いとか，ふさわしいとか，道徳的であるとか，責任があるとか，正しいとかという観点で自己決定を考えてはいない。その代わりに，選択の結果に注目する。私が何が起こるかを決めていると仮定したら，その結果は何であるか？　この仮説の結果を考えてみよう。「私は自分の人生を選んでおり，常に選択してきた。私は，自分の行動，気持ち，考え，恐れ，ストレス，身体，病気，反応，感情，怒りのような自然発生的な反応をも自分で選んでいる」。

〈事例〉　コーウィンは，全能であるという感情（彼は何でもすることができる）と落胆しているという感情（人々は，やりたいことを彼がやらせてくれない

> との間で揺れていた．コーウィンは自分自身を振り返ったが，自分の状況をどのように自分が選んできたかがわかってはいなかった．彼は，父親との人間関係から生じた一般的な混乱状態に陥っていた．つまり，できるものとやらなければならないものを取り違えていたのである．たとえ彼がその仕事をすることができたとしても，自分がやる必要はないということが彼にはわからなかったのである．そのために，コーウィンは細かく細部まで管理するようになってしまった．選択のコンセプトを理解していなかったので，コーウィンは自分自身を状況の犠牲者として見ていた．

　選択のコンセプトは行動に劇的な影響を及ぼすので，選択するということを深く考えてみることは大変価値がある．選択には意識してなされるものと無意識のうちになされるものがあり，自分が扱いたくない感情や容認できない考え，また，出来事と出来事のつながり（例えば，感情を表わさなかった後の疲れたという感情）に気づかないという選択をしてしまう．自分の本当の感情を無意識に追いやることによって，自分自身から隠すのである．
　無意識（あるいは，気づいていない）ということは，単純にこれら全ての出来事，感情，特徴に私が気づかないことを選択した防衛の結果である．無意識の選択は，私が自分のコンピューターにプログラムを組み込んでいて，その後，そのことを忘れてしまった状況と同じように機能する．その時から，そのプログラムは全てのアウトプットに影響を及ぼし，私が期待した形のアウトプットは得られない．私が意図的に使用するとか，組み込んだのを忘れているかどうかに関係なく，コンピューターはそのプログラムを実行し続ける．
　そのアウトプット（私の行動と感情）を理解するために，私は忘れられてしまったプログラムを思い出す（気づく）方法を見つけなければならない．私は自分の無意識を選択するので，無意識にしたものを意識化することも選ぶことができる，つまり，私が触れたくない感情や行動や問題を直接扱うことである．そうすることによって，私は無意識の選択のプログラムを取り除くか，私が今後何かを行うときには必ずこのプログラムについて考慮するというどちらかを選ぶことができる．

第1章：ヒューマン・エレメント・モデル

　私が自分の人生を自分で決定するという考え方を受け入れると，全てが違ってくる。私は自分のパワーを認め，私は自分の人生を統制するのである。私が選択のコンセプトを受け入れるなら，グループ・プレッシャー，操作，人を利用する，洗脳，スケープゴートにするといった多くの重要なコンセプトに対する理解を変えなければならない。これら全ての用語は，私が何かされたことを意味している。しかし，選択の原則に従うと，私自身が私に何かされるのを認めたことになる。私は，自分が行ったことを他の人のせいにして非難するためにこれらの用語を使うかもしれない。しかし，実際は，私が自分でそうなることを許さない限り，プレッシャーをかけられたり，洗脳されたり，操作されたり，利用されたりすることはないのである。
　この視点は，仕事の人間関係，特に葛藤の問題を取り扱うときに大変役に立つ。もし私が，上司が私を操作していると感じるなら，例えば，私が特別な任務を引き受けない場合，私に罪意識を感じさせると思うなら，そのときは，別の方策を取ることができる。私は自分自身に尋ねることができる。「私は，上司が私に罪意識を感じさせることを許すために何をしているか？　私は罪意識から何を得ているのか？」自分を，良い仕事をしたい良心的な従業員であると感じるために，罪意識を感じることを選んでいるという結論を下すかもしれない。そうでないと，私は自分の業績に対して怠惰で無関心になるからである。
　これらの表現が強すぎると思うなら，もう一度自己決定（セルフデターミネイション）の理由を考えてみる。選択とは，私がやりたいことをしていない理由を探すことにエネルギーを浪費するのではなく，自分がやりたいと思うことに全エネルギーを注ぎ，現実に効果を上げるための原則である。実際に，選択の原則は，前には私の心に浮かばなかったような選択枝を提供できるのである。私が選択についてこれらの仮説を受け入れることができないと思えば，単純にこの仮説を拒絶することができ，そして，前のように戻ればよいのである。
　選択の原則から見ると，恐れは別の形で見ることができる。私は，上司が怖いとか，人から拒絶されることが怖いとか，サメが怖いとか言うかもしれない。選択の原則によれば，私がこれらの外部の脅威を恐れているとは現実

3. ヒューマン・エレメント・モデルの3つの基本的次元

には言えないのである。むしろ，私は上司や拒絶やサメに対処できない自分の能力のなさが怖いのである。あなたを恐れの原因として見る限り，私はあなたを変えようとしたり，批判したり，避けたり，破壊しようという非生産的な行動を試みることに自分の時間を費やしてしまう。あなたがずっと話し続けるので，あなたが私のオフィスにやって来るのを恐れると仮定してみよう。真実は，あなたに対処できないと感じているので，私は本当にあなたの訪問を恐れているのである。私があなたにいてほしくない時，出て行ってくれとはっきり言うつもりがあれば，私の恐れは消え去る。私の恐れが自分の中にあることに気づけば，自分の対処する能力を向上し，別の選択にも気づくように努力することができる。

同様に，ストレスは「ストレッサー」（重労働，締切期限，大きな騒音，矛盾する要求などといったストレスを起こす原因となる環境）の機能だけでなく，私がどのようにその環境を解釈して反応するかの作用でもある。私の人生でプレッシャーを感じる必要のあることは本来何もないのである。私が勝手に，ストレスを体験していると解釈することを選択しているだけである。まわりの状況が何であれ，ただそれらは環境にすぎない。私がその状況をストレスだと見なしているだけなのである。もし私がストレスを感じると解釈しなければ，私にストレスを感じさせるものは何もない。私が自分のまわりの全ての人に対して責任があると感じれば感じるほど，私はすぐにバーンアウト（燃え尽きる）してしまう。私は，部下に権限委譲することを難しくするだろうし，子供たちを自由にさせることに抵抗を感じるだろう。私は，たいして意識していない決定も含め，全ての決定を自分がしてしまう。それぞれの状況において自分がどんな選択をしているのかをはっきりさせることは，ストレスを軽減する最も確かな方法なのである。

〈事例〉 野球選手のエディ・マレイは，リポーターに「ペナント・レースやワールド・シリーズのストレスとプレッシャーをどうやって処理しているのですか？」と尋ねられた。

「エディ，あなたがチームのためにこの難関を突破してくれると誰もが期待しているんですよ」とリポーターは言った。「あなたがもしこの期待に応えられな

第1章：ヒューマン・エレメント・モデル

> かったら，あなたのポジションや年棒やキャリアが危なくなりますよ。9月，10月ともなると，毎試合，毎打席，チャンピオンシップに勝って勝者になるか，敗者になるかの大きな分かれ目ですよね」。
> 「自分でプレッシャーをつくるのさ」と，マレイは答えた。
> また，バスケットボール選手のチャールズ・バークレイは，同様の質問に対して「プレッシャーは自分自身の中にあるのさ」と答えた。

　組織が，選択の原則を採用することから得る最大の恩恵の一つは，組織のメンバーが責任に対する考え方を変えることである。職場において，何が間違っているかについての意見は，ふつう，お互いを非難することへと展開していく。上司は，ずさんな仕事をしている部下を非難する。マーケティングは，メールルームを非能率だと非難する。中間管理職は，ひどい組織なのは社長のせいだと非難する。株主たちは，長期計画がないと経営陣を非難する。皆が自分たちの行動を防衛し，他の人の行動から，できる限りの欠点や失敗を見つけようとするので，非難し合うことに費やされるエネルギーは全く生産的ではない。人々が非難し合ったり，非難を逃れるためにエネルギーを使う時，より創造的で生産的になるエネルギーを失ってしまう。

　しかし，皆が自分で選択をしているとすれば，我々の間に起こることは無意識の共謀の結果であり，非難することは見当違いとなる。与えられた状況に関係している全員が起こったことに対して100パーセントの責任があり，誰も非難できないと考えた時，責任を取ることの意味合いは違ったものになる。仕事の成果に影響を与えたそれぞれの人が，よりポジティブな結果を得ることができるように何か別のことを行うこともできただろうし，また，それぞれの人間関係がより好ましい成果を生み出すように変えていくこともできただろう。

　非難をしないで責任を受け入れることは，葛藤解決にとって極めて重要である。そうすることによって，我々は与えられた状況における結果に対して一人ひとりの貢献を客観的に見ることができるのである。私が自分の感情と行動が我々の状況にどんな影響を与えているのかに気づけば，我々の抱えている問題に対して自分がどう関わっているのかがもっと明確にわかってくる。

我々の間に存在する困難さを，非難し合う状況ではなく，解決すべき問題として理解する。共通の敵である問題に対して，我々は同じサイドに立っているように思うことができるのである。そして，我々はお互いを攻撃したり，自分自身を防衛するのではなく，いかに我々の位置を修正していくか，そして，いかにその状況を改善するかを考えることができるのである。マイケル・クリントンの小説『ライジングサン』の語り手が観察しているように，「日本人は問題を修理しようと試みる。そして，アメリカ人は非難を修理しようと試みる」。

〈事例〉　あるローン会社は，従業員に対して，それぞれの業績をマネジメントの判断に基づく個人ボーナスで報酬を与えることにした。その結果，すさまじい競争ととんでもない低いレートでローンを貸し出すことになってしまった。そして，ローンの契約がだめになると，マーケティング部は，信用調査部があまりに保守的だと非難した。信用調査部は，経理部が必要なデータを提供するのにあまりに長い時間がかかりすぎると非難した。経理部は，マーケティング部がローンの契約を取るためにいい加減なことをするからだと非難した。非難に満ち溢れた雰囲気だった。

会社全体の生産性に基づいて，ボーナスを等しく全社員に割り当てるという提案がなされた。直ちに組織の雰囲気は変わった。かなりの議論の末，マーケティング部の何人かは，顧客を喜ばせたり，手数料を受け取るために少し無謀に先走りしたことを認めたのである。信用調査部の人たちは，解雇されることを恐れ，必要以上に慎重になりすぎたことを認めた。経理部の何人かは，他部門から無視されたと思い，わざとのろのろやって仕返しをしたことを認めた。

関係した全員が自分たちの関与を認めると，すぐに新たな活気が生まれ，新しい手続きが考え出された。マーケティング部と信用調査部は定期的にミーティングを開き，用心しながらも危険を冒すというバランスについて話し合うようにした。全チームが生産的になることが全員のためになる，という仮説に基づいた手続きがつくられた。問題は，個人的なもの（マーケティング部の顧客を喜ばせたいという欲求，信用調査部の解雇されるのではないかという恐れ）と，人間関係（経理部のマーケティング部から無視されているという恐れ，信用調査部の経理部から情報が入らないことへの不安）にあった。報酬システム

の変更によって非難が減り，全ての問題が最小になったのである。

　全ての選択には見返り（代償）があるというコンセプトは，自己決定の基本である。私は，完全に気づいていない時でも特定の見返りを期待しているので，特定の選択を行う。私が罪の意識を感じるのは，罪の意識が私に自分の行動の結果に責任を感じさせ，気にかけているからである。私が休暇をとり，子供たちを親戚に預けることに罪の意識を感じる時，私は無意識に良心的で子供を気にしている親に見えるように努力しているのかもしれない。私は無意識の内に，決定を下さなければならない責任と，その決定によって何人かの人を疎外してしまうという気持ちを和らげたいと思っているので，重要なビジネスの決定について私は混乱して訳がわからないという気持ちを選ぶかもしれない。職場における典型的な見返りは，他の人から同情を得ること，仕事の期待を低くすること，自分がよりよく見えることなどである。

　選択の原則によって，私は新しい方向で解決案を探せるようになるのである。以前は，物事がうまくいかなかったら，私は他の人を非難し，私を環境の犠牲者にした運命を呪ったものだった。私が自分でこの状況を選択したのだと受け入れることによって，私は非難することを越えることができるのである。私は，今の自分が置かれている状況を自分が作り出したことによって得た見返りを探す。自分を非難するのではない。私は，自分がその見返りをポジティブに思うかネガティブに思うかにかかわらず，要は自分がその状況から得ているものは何かを探すのである。

支配性（コントロール）の要約

問題 ➡	上（トップ）か下（ボトム）か
他の人たちに対する行動 ➡	統制する
自己に対する行動 ➡	自己決定，選択
根底にある感情 ➡	有能感
やりとり ➡	立ち向かう
対人関係における恐れ ➡	バカにされる，恥をかく，非難を受けやすい
個人レベルの恐れ ➡	有能でない，無能である，偽物である

第1章：ヒューマン・エレメント・モデル

振り返り　支配性（コントロール）について考える

1. 私の組織で，コーウィンのような人がいるだろうか？
2. 私の組織では，コーウィンのような人をどのように扱ってきただろうか？私はコーウィンに対してどのように対処するだろうか？
3. 私は自分の組織の支配性の問題に対するアプローチの仕方をどのように表現するか？
   私の組織には，支配性の高い雰囲気―厳しい階層構造，トップによる意思決定，びっしりつまったスケジュール，規則の強制など―があるか？　あるいは，支配性の低い雰囲気―リラックスした雰囲気，意思決定の権限が分散されている，コンセンサスによるマネジメントなど―があるか？　私の組織の雰囲気に関して，長所と短所は何であるか？
4. 初めて私に会った人は，私の有能感に対してどのようにみるだろうか？
   時が経つにつれて，これらの反応は変わっていくか？　もし変わるなら，どのように変わるだろうか？
5. 統制しすぎると誰かに言われたことがあるだろうか？
   その見方にはどんな真実があるだろうか？　それが本当でないと私が感じるなら，なぜ他の人は私が統制しすぎだと思ったと思うか？
6. 十分に統制していないと誰かに言われたことがあるだろうか？
   その見方にはどんな真実があるだろうか？　それが本当でないと私が感じるなら，なぜ他の人は私が十分に統制していないと思ったと思うか？
7. 私の組織では，有能感の問題はどれくらい重要だろうか？
   有能感の問題は生産性にどう影響を及ぼしているだろうか？
8. 自分で気にしているある種の感情のために，自分自身の有能感を低くしていないだろうか？　どのように，また，なぜ？
9. 選択や自己決定の原則を受け入れることによって取り除くことができる，私の生活における5つのストレスと問題は何か？
10. 次の文章をどう思うか？
    「ほとんど全てのものに責任をとろうとすることと全く責任をとらないという両極端の行動の間で揺れ，しかし，ただ単に責任を共有することでは満足できないという人は，自分の有能感を心配している」。今までにそのような人に出会ったことあるか？

次元3 開放性（オープンネス）
私は，開放的（オープン）か，閉鎖的（クローズド）か？

〈事例〉 オフェリアは技術的には非常に有能だったが，彼女のマネジメント・スキルは不思議なくらい不十分であった。彼女のチーム・メンバーは，彼女が何を期待しているのか全くわからなかった。彼女は，チーム・メンバーの判断と創造性を発揮させるために皆に自由を与え，皆がやらねばならないことを命令することはしなかったのである。そのことは彼女のチーム・メンバーには心地よく聞こえたが，何かがうまく機能していなかった。それでも，チーム・メンバーは皆，その問題を話し合わないことにしていた。なぜなら，全員がオフェリアのことを好きであり，彼女の感情を傷つけたくなかったからである。

ついに，危機は起こった。プログラマーのオーエンはひどい仕事をしており，皆の勤労意欲をどんどん下げていった。彼は嘘をつき，約束を守らず，仕事を休み，勤務中にまわりの人たちの行動について悪意に満ちた非難をし，まわりの人を攻撃した。オーエンは，皆が自分に反対しており，前の職場でもそうだったように自分は完全に誤解されていると感じていた。オフェリアはオーエンのことを問題としたくなかったので，彼女は多くのトレーニングの機会を彼に与えたが，彼はいつも拒絶した。オフェリアはオーエンの味方になって彼を励まし続けることはしたが，この状況を改善するために強い行動に出る気は全くなかった。勤労意欲は下がり続け，チームの混乱は続いた。

オフェリアはチームの状況があまりにひどいと感じたので，皆のためにパーティーを開いて状況を改善しようとした。パーティーは大失敗だった。グループの半数以上が現われず，わずかばかりの来た人たちも直ぐに帰ってしまった。オーエンも現われなかった。オフェリアは，次に何をしたらよいかわからなくなってしまった。

開放性と対人関係

ヒューマン・エレメントの3番目の基本的な次元は，開放性，すなわち，私が相手に対してどれくらいオープンであるかである。個人においても，人間関係においても，開放性はその時々に応じて変化する。

第1章：ヒューマン・エレメント・モデル

　ある時は，私は，あなたとお互いの感情や秘密，心の奥の思いを共有するような人間関係を楽しむ。また，何でも打ち明けられる１人―あるいは，せいぜい２，３人―がいることを楽しむ。

　別の時には，私は他の人に開放的になることを避ける。私は感情を表したくないし，２，３人の親密な友人よりは，単なる当たり障りのない知り合いの方を好む。つまり，私には，開放的な関係を持ちたいという欲求と，より多くのプライバシーを持ちたいという欲求の両方がある。

　開放性は，より深いつながりを確立することに基礎をおくので，通常，人間関係一般においても，もしくはグループ内での人間関係の発達においては最後の局面である。仲間性は，我々がどれくらいお互いに出会いたいか，そして，自分たちの人間関係を続けるかどうかを決断することを扱う。支配性の問題は，我々がお互いにどれくらい対決するかとどのように関係をもってことをうまく運ぶかを扱う。人間関係が続いていくにしたがって，開放性は，文字通りに，あるいは，比喩的にお互いがどの程度抱擁しているかに関係してくる。

　仲間性と支配性と同様に，開放性に関する私の行動には二つの側面がある。合理的な部分と防衛的な部分である。合理的な部分は，人生における開放性に対する私の好みである。防衛的な部分は，あまりに開放的になりすぎて，私が拒絶されたり，愛されないことに対して無力になってしまうことへの恐れから生じる。私が柔軟性があり，合理的である時は，異なる状況に対応することができる。私が柔軟性がなく，防衛的な場合は，あらゆる状況に対して同じやり方で反応する。私が自分のことをどう思っているかによって，合理的な部分と防衛的な部分が混じり合う。自分のことを悪く思えば思うほど，私はよりいっそう防衛的になる。

　対人関係において私が自分を開放的にしない時（防衛による，柔軟性のない低い開放性の時），自分自身を他の人に明らかにすることを避ける。私は表面的で距離を置いたレベルの１対１の人間関係を維持し，他の人も私と同じように行動する時，最も快適である。私は感情的には距離をおいて，感情に巻き込まれないようにする。誰も私のことを好きではないのではないかと不安に思い，そして，好かれることはないと予想している。私が純粋に人を

好きになることは大変難しく，私に対する人々の感情を疑ってしまう。私の無意識の態度は，「私の人生において開放的になると，非常に辛い拒絶を体験することになる。だから，今後も開放的にならないで苦痛を避けるのだ」である。必要であれば仲を悪くしたり，拒絶したりする私の直接的なテクニックの狙いは，親密さを避けることである。私の巧妙なテクニックは，表面的には誰とでも友好的につきあうことであり，特定の一人だけとオープンにならないようにするための安全装置の役割を果たしてくれる，「人気があること」を求めて努力をすることさえもある。

　私が自分のことを開放的にしすぎる時（防衛による，柔軟性のない高い開放性の時），誰にでも自分の感情について話し，また，皆も同じように私に話してくれることを望んでいる。私の無意識の感情は，「開放性に関する私の最初の体験は辛かったが，もう一度試してみたら，その体験はきっと良くなるだろう」ということである。好かれることは，私にとって，非常に重要である。極めて個人的で，愛想がよく，親近感を与え，信頼感に溢れるという私の直接的なテクニックを用いて，私は皆の承認を得ようと試みるのである。私の巧妙なテクニックは，友人たちが私以外の人と友情を確立しようとすると，彼らを懲らしめるぐらい独占欲が強く，操作的になる。

　私が自分のことを適度に開放的にする人間であり，幼年時代に開放性の問題をうまく解決してきていると，対人関係のやりとりのレベルはその相手と状況によって変化する。私は，距離をおくことが必要な状況でも，親密な人間関係の中でも快適である。愛情を与えることも，受け取ることも快適に感じる。私は好かれることを楽しむが，もし好かれなくても，このことは単に私のことを好きでない人がいることを意味するだけだと認めることができる。この一つの反応から一般化して，私は決して誰からも愛されない人間だというような結論は下さない。

> 〈事例〉　オーエンは，仲が悪くなることで人々を遠ざけるという開放性の低い行動を示した。彼に対して，グループは彼を避けることで同じ反応をした。皆がとても気になっている問題を直接取り扱わないことで，グループは外見上，平和を維持していた。しかし実際は，皆，とても不満で，怒っており，オーエンにいらいらし，オフェリアに失望していた。しかし，誰も何も言わなかった。

第1章：ヒューマン・エレメント・モデル

▎開放性と自己好感

　私が自分を好きな時，私は自分の存在を楽しむ。自分という人間が良く思えるし，人々が私の全てを知れば，私という人間を必ず好きになってくれると思っている。

　私が自分を好きではない時，私は自分という人間を楽しめない。自分の行動と感情を恥ずかしく思っている。私の衝動と欲求は受け入れ難く，私の全てを知った人は誰でも私に反感を抱き，私を軽蔑するだろう。私が好かれない（あるいは，愛されない）と感じる程度に応じて，私は拒絶を恐れるし，最後には拒絶されると予想している。人々が私のことを知れば知るほど，もっと私を嫌いになってしまうのではないかと恐れている。人と距離をおいて，秘密を持っていることは，少くとも，一時的にはより安全な感じがする。

　ある程度，私は好かれているところもあるし，好かれていないところもあると思う。感情，考え，過去の出来事，性的欲求，暴力に対する欲求といった自分が好きではない部分を抑圧して，無意識の中に押し込んでしまうことがある。抑圧は苦しい，そして，苦しい抑圧の体験は通常，自分が不快な感情に直面しなければならない状況を避けるのである。否定的な自己概念を体験する苦痛を避けるために，私は防衛的な行動をとり，多くの場合，病気になってしまう。

〈事例〉　マネジャーであるエリックは，絶えず欲求不満と怒りのかたまりであった。彼は独裁的で，ぶっきらぼうで，柔軟性がなく，人と距離があり，近寄り難かった。たまに，微笑えんだり，冗談を言ったりしてみるのだが，彼の部下たちが盛り上がったと感じた次の瞬間，エリックの拒絶的な行動によって意気消沈してしまうのであった。

　長い説得の末，エリックはワークショップに参加することに納得した。激しく抵抗した後，彼は落ち着き，自分の行動が皆にどのような影響を及ぼしていたかに耳を傾け始めた。彼は，本当に悲しくてぼうっとしているように見えた。誰も彼のことを好きではないと感じていた。しかし，自分の仕事をしっかりやっている限り，どう行動しようが問題ではないと信じていたのであった。

　ワークショップが進むにつれ，エリックは，いつもあまりに忙しくて相手になってくれず，絶えず彼のことを拒絶しているように見えた彼の父親との人間

> 関係について話し始めた。この父親との体験とこれ以前の体験によって，エリックは自分が愛される存在ではないと思うようになってきたのである。
> エリックは，ワークショップで自分を再評価できるほどの深いインパクトを得て，思っていたほど自分は悪くないことがわかってきた。彼のグループはこの認知をいっそう強力なものにした。そして，エリックがますます微笑んだり，冗談を言ったり，思いやりのある姿を見ることによってチームは報いられた。グループの仕事の質は飛躍的に良くなった。数ヵ月後，エリックは会社の将来がかかったプロジェクトのリーダーに選ばれたのだった。

好感と愛情は，家庭生活としばしば重なる領域である。ビジネスとは感情や親密な友情を取り扱う場所ではないと常に思っており，自らの客観性に誇りを持っている，非常に人使いの荒いエグゼクティブたちは，彼らが離婚したり，彼らの子供たちにかかわる問題を抱えた後，ようやく自分自身や他の人たちに対する自分のインパクトを振り返ってみようという気になるようである。そして，感情が行動に強い影響を持つことをようやく認識するのである。自分をひどく嫌っている人と一緒に働く（そして，生きる）ことは，非常に能率が悪く，非生産的であるのと同様に，まわりの人に対してもかなり有毒である。

▍開放性と真実

開放性の行動の基礎をなすものは，好きであるとか好かれていないとか，愛されているとか愛されていないといった感情である。もし私があなたの前で自分を好きになり，私が自分を好きになれるような雰囲気をあなたがつくってくれるなら，私はあなたが好ましい存在であると思う。あなたが私を信頼し，親しく接してくれ，暖かく私の申し出に応えてくれ，私の友情を求めてくれる時，私はあなたのことを好きだと思う。「あなたが私を好きだ」と私が感じる時，私は自分のことを重要であるとか有能であると思う必要は必ずしもない。例えば，適性がなく（無能な人），失業している（社会的にそれほど重要でない）が，素敵で魅惑的な（好かれる）人は存在する。好かれないとか愛されないと感じることから連想される恐れは，拒絶される，嫌

われる，軽蔑されるという恐れである。

　自分自身への開放性の問題（すなわち，私の気づき）と他の人たちへの私の開放性とは，強く結び付いている。私が自分自身に開放的でないなら，私はあなたと本当に開放的になることはできない。私が自分の中で起こっていることがわからなければ，あなたに正確に伝えることはほとんどできない。私が傷つくことや拒絶されることを恐れるなら，自分に対して開放的であるかもしれないが，あなたに対して開放的になることはない。私がこの態度に固執するなら，偽ることで自分自身の真実に触れないようにするかもしれない。つまり，私は，もはや自分の気持ちがわからないほど自分の感情を歪め，隠してしまうかもしれない。

　私が体験している全てを意識し，自分にわからせるという自己への気づきが必要となる。私は，自分の自画像に合わない体験であっても，検閲して削除したりはしない。

　私があまりに気づきすぎている時がある。例えば，私が解雇された理由はあくまで経済的な理由だと言われたにもかかわらず，心の中で自分の無能さから解雇されたことがわかっているような体験をした時，できることなら自分の苦痛と不快感に気づきたくはない。また，私があまりにも気づいていないと感じる時がある。私にわからないことが起こったり，自分を欺いていると感じることがある。私は自分がこういう人間だと自分に言っているにもかかわらず，多くの場合，反対の行動を取っているようである。

　組織における開放性のなさは，ひどい効率の悪さとなり，生産性を下げることになる。ヒューマン・エレメントを用いたコンサルティング体験から，仕事に関する問題の約80パーセントが，全く本当の問題ではないことを学んだ。これらの問題は，真実を歪めたり，隠したりしたことによって起こった，単に開放的でない結果である。従来の組織の知恵では，人とうまくやっていくためには，とりわけ，給料のような問題を話すときはそうであるが，戦略的で，思慮分別を持ち，慎重で，正直さも場合によっては選択的に行うべきであると思われてきたので，この認識は衝撃的である。

〈事例〉 ある金融会社の大きな部門が問題を抱えていた。その部門の生産性と勤労意欲が非常に低かったのである。経営陣がコンサルタントと呼んだ。

この部門のトップである副社長の主な不満は，給料を決める手続きであった。毎年，部下の7人のマネジャーが次から次へ一人ずつ彼のオフィスにやってきて，なぜ自分の給料を上げなければならないか証拠を示していくのだった。そして，副社長は，なぜ彼らの昇給アップを彼らの希望より低くしなければならないかを，一人ずつ順番に権力にものをいわせてわからせなければならなかった。このプロセスに数ヵ月かかり，おまけに多くの場合，数人のマネジャーとの話し合いは苦々しさと憤りを感じるものであった。「本当に，この全てのプロセスは悪夢だ。おそらく，これは私の仕事で最悪の部分だ」と副社長は言った。

これが重大な問題であることをこの部門の皆が同意していたので，コンサルタントは，コンサルテーションに割り当てられた3日間の間にこの問題を解決することにした。コンサルタントは，マネジャーたちに自分たちの給料についてオープンにするように頼むことから始めた。「皆さん，お一人ずつ，給料をいくらもらっているか言っていただけますか？」反応は，全員が「NO」であった。コンサルタントは，マネジャーたちに組織生活の基本的なルールの一つを破ってくれと頼んだのであった。「個人の問題だ」「他人の知ったことではない」「妻にも給料の額は教えていない」などという答えが返ってきた。

これらの抵抗の多くは，お互いが密接に一緒に仕事をしているわけではないので，他の一人ひとりがどれくらいの価値があるかわかるはずがない，というマネジャーたちの主張に基づいていた。しかし，最後には，一人ひとりの価値を決めることに同意したのだった。

彼らは，一人ひとりの価値を決めるための特徴のリストと基準をつくることから始めた。しかし，どのリストも助けにはならなかった。2日半が過ぎた後，コンサルタントは妥協案を示唆した。皆が，副社長と7人のマネジャーの給料に使える予算の総額を知っていた。そこで，コンサルタントは，この予算を8人でどのように分けたらよいか紙に書いてもらうことを提案し，全員が同意した。コンサルタントは皆の書いた紙を集め，その結果を皆が見えるように黒板に書いた。

全員が驚いた。2つのちょっとした違いはあったものの，それぞれが得るべき給料が，全員ほぼ正確に一致していた。短い議論の後，グループは，全マネ

ジャー賛同の下，控えめなマネジャーの給与を上げ，あまりに野心の強いマネジャーの給与を下げる調節を行った。

　グループは，7～8分間その黒板をじっと見つめていた。メンバーは，少しずつ自分たちが何を成し終えたのかを理解し始めた。30分間で給与に対する彼らの態度をすっかりオープンにして，恐ろしく定期的に繰り返されていた「問題」を解決してしまったのである。このプロセスにおいて，彼らはいくつかのことを発見した。まず最初に，自分たちの給料の額を明らかにすることは恐ろしいことではなかった。第二に，全員が他の人の給料の額を知っており，しかも，それがお互いに2，3千ドルの違いであることもすでに知っていた。三番目に，自分自身と他の人たちの価値についてどう思っているかをオープンにすることが，より良い仕事の人間関係を生み出すきっかけとなった。四番目に，皆が一人ひとりに対してどれくらいの価値があると思っているかに気づいたのである。

　この手続きによって，彼らは自分たちがどのように思っていたかを実感することができ，その結果，彼らの自己への気づきは向上した。彼らがオープンになったことで，会社の膨大な時間とエネルギーを取り除く効果があり，結果として，憤りと欺きはほとんどなくなった。彼らがオープンになろうとさえしていれば，この「悪夢」の問題は，1年の内30分もあれば解決できたものだったのである。

〈事例〉　オーエンとオフェリアにとって非常に大きな要因となったのは，自己欺瞞であった。そして，他のグループ・メンバーにも，多かれ少なかれ同じことが言えた。オーエンは，どのように自分が他の人に敵対しているのか，そして，どうして誤解されてしまうのかに全く気づいていなかった。自己洞察を得る代わりに，非難し，怒ることにエネルギーの多くを費やしていた。彼が価値あるチーム・メンバーの一人になることの鍵は，もっと気づきたいという気持ち―自分がこの悲惨な状況を生み出しているという真実を認めること―であった。オフェリアは何が起こっているのかを見たくなかったのである。なぜなら，何が起こっているのかわかってしまったら，彼女はさらに難しい行動を起こさなければならなかったからである。彼女は，大きな個人的な恐れから行動していたのである。チーム・メンバーも，自分たちに行動を起こせないようにして

> いる理由と自分たちの無力な行動を見ないようにしていた。

自己の気づきと真実を語ること

　このセクションの残りの部分では，なぜ開放性が選択と共にヒューマン・エレメント・アプローチの核心なのかを説明するために，真実と開放性の観点から自己への気づきを探究していく。以下は関連する語句である（すでに定義された語もある）。

- **体験**とは，私の身体の全ての細胞を活用すること―記憶，考え，感情，感覚―である。自分の体験を自分自身に知らせる時，私は自分に対してオープンであり，自分の体験を相手に話す時，私は他の人に対してオープンである。

- **自己の気づき**は，私が自分自身に自分の体験を知らせている程度を表わす。自分を恐れていたり，恥じていたり，罪の意識を感じていたら，私はこれらの気持ちを抑制し，否定しようとする。自分自身に知らせないことを選択した私の体験は，気づいていない部分は，あるいは，無意識と呼ぶことができる。私が自分の体験に気づいている時，意識して，何をしたいかを決めることができる。私が自分の体験に気づいていない時，わからないうちに統制されてしまうかもしれない。私の無意識の体験に気づくことは，私がこの本を読んで考える目的の一つである。

- 私が，気づいていることをあなたに話すことを選ぶなら，私は自己開示している。私が自分の気づきとは逆のことをあなたに話すことを選ぶ（すなわち，私が信じていないものが真実である）なら，私は歪めているが，嘘をついている。自分が気づいているにもかかわらず，あなたに話さないことを選ぶなら，私は隠していることになる。

- 完全にオープンに，あるいは，正直に，私の体験をあなたに知らせるた

めには，自分に気づき，自己開示しなければならない。自己の気づきのない自己開示を「一見誠実そうな政治家」症候群と呼ぶことができる。「私は自己開示しているが，ほとんど自己の気づきがないので，結果として，非常に退屈である」「私は自分の全ての体験に気づいているわけではないので，完全には自分を提示しない」。

例えば，私があなたに意思決定において広い参画が大切だと信じていると言っても（自分でも確信している），現実には，皆が私の権威主義者的行動を見て，本当ではないという印象を持ってしまうのである。

● 自己開示のない自己の気づきは，「勝つためには何でもやる」症候群と呼ばれるものである。「私は自分自身と自分の欲求に気づいているにもかかわらず，他の人にオープンでないことを選ぶ」。自分に有利にするために，知っていることについても嘘をついたり，隠したりする。

真実を語ることは良い考えのように聞こえる。確かに何千年もの間支持されてきた考えではあるが，ほとんどの人は，現実には一瞬も信じていない。そして，彼らは歪曲した言い方と嘘をつくための正当性を生み出すことによって，まさに正反対の道に進んでいるのである。

「如才無さ」「外交」「罪のない嘘」「ビジネスはビジネスである」「コントロールをきかす」「現実的になれ」。作法と外交は，自己開示を押さえるのである，「あなたが本当にそう思っているかどうかにかかわらず，決められたようにやりなさい」。真実を十分に語らないことが「人の感情を傷つけてはいけない」という道徳的観点から正当化されることさえある。真実が大切とされている場合においてさえ，隠しだてしたり歪めたりすることも，より好ましいコミュニケーションの形のひとつであるという含みがある。世間も嘘をつくことや「真実を扱うには人間はあまりに弱いものである」といった考えを強化しているふしがある。しかし，いったんヒューマン・エレメント・ワークショップを行い，より深いレベルの真実に到達すると，人々は一般に信じられているよりもはるかに多くの真実を隠さないで扱うことができ，また非常に有益な結果が出ることがはっきりしてきた。

3. ヒューマン・エレメント・モデルの3つの基本的次元

　長く続いている現在の組織における倫理と真実性についての論争は，実は真実と開放性の問題である。長年，政府や宗教や企業など，全ての組織生活における欺瞞や秘密を寛大に扱ってきたのだが，今や，一般大衆はそのような行動をますます警戒し，我慢できなくなっている。組織の中で真実の原則が復活することによって，倫理性の欠如の問題は大いに減るだろう。そして，組織はいっそう利益が上がり，より公平になり，働くことがもっと楽しくなるだろう。

　この領域における進歩は二つある。第一に，古くから言われている多くの決まり文句は絶対に正しいことがわかる。真実は，人間関係でも，身体的にも，個人的にも，組織的にも，私を自由にする。

　第二に，特に，フィードバック，イメージ，身体の理解といったツールとテクニックは，自分の身体，人間関係，組織の業績について，自己開示と隠しごとの結果をテストするために利用できる。私がオープンな時，私の身体は気持ち良く感じる。欺瞞や隠しごとをしていると，身体の中で，呼吸が速くなったり，首がこったり，胃に固いしこりができたり，手に汗をかいたり，喉が乾いたり，頭痛がするといった，何か不快な形となって現われる。そして，人間関係の中で距離をつくり，やる気を失い，バーンアウトし，病気になり，長期欠勤をし，仕事の生産性を引き下げてしまう。私がもっとオープンになれば，私はより健康になる。エネルギー，健康，精神的にすっきりしているといった観点から，私が嘘をついたり，隠すことにどれくらい注意を払っているかを理解するようになると，私はより大きな真実の雰囲気の中に自分をおくことができるようになる。

　真実を語るということは，組織の生産性と社員の満足度を飛躍的に向上するための，最も経済的で簡単な唯一の方法である。しかし，組織の中の多くの人は，真実を語ることをばかばかしいと思っている。「私が皆に，とりわけ上司に対して，相手のことを本当はどう思っているかを話せば，首になってしまだろう」。一般的に思われているように，真実を話すということは，言い替えれば，上司を含め誰に対してもあなたは本当はこんな人間だという悪口を意味しており，メッセージが否定的であればあるほど，多分その考え方は正しいだろう。だから，我々は如才なく振る舞うのである。「メッセー

第1章：ヒューマン・エレメント・モデル

■表1.1. 真実のレベル

レベル	内　容	説　明
−1	自己欺瞞	私の体験をあなたにも自分自身にも隠している状態。無意識のレベル——私が自分自身に知らせないことを選択したことで、あなたに言うことができないもの全てである。
0	隠している	私は重要な何かに気づくが、直接、それをあなたに知らせない。これは、私の感情の圧倒的な割合を占めている。多くの合理化——「機転がきかない」「良い結果にならない」「私は解雇されるかもしれない」「いずれにせよ、彼はそれに関しては何もできない」「私は間違っているかもしれない」「あなたには全く関係のないことだ」「私はあなたを傷つけたくない」が隠している理由となっている。
1	「あなたは……（ひどい人）である」	あなたに関する意見を話すことは、たとえ悪口であっても、開放性における一つのステップである。私はあなたに注意を集中する。私は批評家であるが、前より多くの自己の気づきを示している。しかし、私がこの段階で止まってしまえば、トラブルに巻き込まれてしまう。
2	「あなたに対して、私は……（嫌い）と感じる」	私があなたに自分の感情を表現するためには、自己の気づきが必要となる。私は、あなたが何を行っているから、私があなたをどのように感じているのかに焦点を変える。しかし、私はまだトラブルに巻き込まれる可能性がある。

3	「なぜなら，あなたが……（要求に答えない）から」	道理と合理化が行われるレベル。私は，自分の感情の根となったあなたの行動を伝える。理由を説明し，自分を正当化する。ここで，私はあなたと対話を始めることができ，脅威は少なくなる。
4	「私は，あなたが私のことを……（重要ではない）と感じていると思う」	私はあなたが私のことを重要でない，有能でない，好きでないと感じていると想像し，一般化する。私はその感情に気づいているわけではないが，はるかに気づくようになってきている。私はしばしば自分が犠牲者であると感じることがあるが，今こそ，役に立つ対話で自分たちの認知を調整するという現実的な可能性がある。
5	「私は，自分が……（重要ではない）と恐れている」	私は自分自身についての恐れ（重要でない，有能でない好きでないという感情）を認める。私は，これが私が自分自身について感じている姿であると認知している（この前のレベルまでは，感情の原因は，私にではなくあなたにあると考えていた）。私がこのような多くの自己の気づきを持てば，あなたとトラブルにはならないだろう。なぜなら，私のネガティブな感情は主に私自身に関係しており，あなたには関係ないことがわかっているからである。

第1章：ヒューマン・エレメント・モデル

ジがソフトで，感受性をもって，政治的に抜け目のない形で伝えられれば，私は解雇されることなしに何を欲しているのかを上司に話すことができる」。如才がないことは，しばしば真実を隠していることを意味するので，話し手に比べ，聞き手にとっては内容が曖昧になる。

　しかし，悪口を言うことが本当に深い真実ではない。実際に，真実の最も表面的なレベルは，私があなたについて言うことである。私があなたの欠点を挙げることから私が体験していることへ関心を移していくことによって，つまり，より多くの自己の気づきを得る方向へ移していくことによって，真実を深めることができるのである。真実の最も表面的なレベルは，自己欺瞞（自己の気づきがない）と隠しごと（自己開示しない）である。どちらのレベルも全くオープンではない。自己欺瞞とは，私はあなたにも言わないし，自分自身にも言わないことである。隠しごとをするとは，私は自分には知らせているが，あなたには言わないことである。これら二つのレベルがコミュニケーションの非常に多くの割合を占めているので，自己欺瞞と隠しごとを減らすだけでもはるかにストレートなコミュニケーションを生み，生産性はより高くなる。

　より深い真実と開放性のレベルに進んでいくためには，私とあなたはそれぞれのレベルでお互いに対して持っている感情について話すことを学ばなければならない。そうすることで，より深い自己の気づきと自己開示へ速く進んでいくことができ，葛藤や不一致（表1.1.を参照）を起こしている感情に達することができるのである。

　実際の真実と開放性のレベルの重要さを示す例がここにある。私の駐車するスペースに同僚が駐車していたとする。私は彼女に迷惑をかけられ，非常に腹を立てている。この問題は主に彼女の誤りであり，私は，彼女がしたことは誤っていたと彼女にわからせ，謝罪と車の移動を彼女に認めさせることが解決策だと思っている。対照的に，彼女はそこに駐車したことは正当であると確信しており，間違っていたのは私の方であり，それを私に認めさせようとする。このシナリオは，国際紛争から労使の対立，仕事上の葛藤，つまらない夫婦喧嘩にいたるまで頻繁に起こる不一致であるが，うまく成功する

解決策はなかなか得られない。主な理由の一つは，どちらの側も自分の気づきを示そうとしないからである。しかし，私がより多くの気づきを持っていれば，自分が全て正しいわけでもなく同僚が全て悪いわけでもないことがわかってくる。さらに，我々の不一致が私の中に強い感情を引き起こす時は，この出来事にのみ限られたものではない，他にも影響を及ぼしている要因があることがわかる。しかし，同僚と私が駐車スペースの話を続ければ，長い間，両者で非難し合うことになるだろう。

　口論を区切ってみると，私は彼女のことを非常に不注意だと感じていると認識し（レベル1「あなたは……である」），私は彼女のそういうところが好きではない（レベル2「あなたに対して，私は……と感じる」）。さらに，今回の事件はこの種の出来事として初めてではない。私は自分の事例を作るために少くとも三つの事例を羅列することができる（レベル3「なぜなら，あなたが……だから」）。私の心の中の感情を見続けていくと，私が彼女の行動によって傷ついたと感じていることを発見する。そして，それによって，彼女が私のことを大切な存在だとは見なしていないと感じられた。（レベル4「私は，あなたが私のことを……と感じていると思う」）。私は彼女にとって全く重要な存在ではないので，彼女は何の配慮もなく私を扱う。私が大切な存在であれば，彼女は私にそんなことは決してしないだろう。私がこのように思い巡らしている間はいつでも，自分が何を感じているかを彼女に話すことができる。そうすれば，我々はお互いに自分が一番正しいと思い込んでいる態度から離れて，対話をオープンに行えるのである。私が何か気になっており，悩み，不快な思いを今もしているなら，次のレベルを考えてみなければならない。彼女が私のことを重要でないと感じていると思う私の認知だけではなく，少なくともこの状況では，もしかするといつもそうなのかもしれないが，彼女が思っていることは正しく，私は重要な人間ではないと思う感情（レベル5「私は，自分が……と恐れている」）から不安は生じるのである。この最も深いレベルの洞察に到達するためには，十分発達した自己の気づきが必要となり，私の自己概念の無意識の部分に長年あったものに触れることになる。

第1章：ヒューマン・エレメント・モデル

　私が本当に重要な存在ではないという感情を持つ度合に従って，駐車スペース自体が本来の問題ではなくなるので，駐車スペースについての同僚との口論は，逆に果てしなく続くという運命にある。我々の対話の過程で彼女が本当は私を重要だと認めていることがわかると，我々は駐車スペースの問題をすぐに解決できてしまうことでこのポイントは劇的に解明されるのである。私がある問題で心がいっぱいの時，私が配偶者や同僚に不平を言う時，私が眠れなくなっている時，レベル5を特に使ってみることができる。次のことは，相手が正しいのではないかと恐れているサインである。相手が私について否定的なことを言ったとしても，私はそれが正しくないと確信しているので怒らない。自分についての悪い感情を避けることに非常に長い時間をかけてきた結果，私は自分に否定的な自己概念を見させるものに対して非常に敏感である。自己の気づきがなければ，私は自分の自己嫌悪をあなたに転嫁する。私がもっと自己に気づくようになると，つまり，より深い真実のレベルに到達すると，私はよりいっそう状況を明瞭に見ることができる。

　このように，二人の議論を解決する鍵は自己の気づきである。しかし，残念なことに，本当の感情とは全く関係のない問題について熱心に議論する習慣が普及している。そのような行き詰まりを突破する最も効果的な方法は，より多くの自己の気づきを得ることであり，その気づきを他の人たちに表わしていくことである。

　隠しごとや嘘や欺瞞や真実を「あいまいにする」ことは必要でない。組織が真実と開放的な雰囲気を確立すると，あらゆる意見の相違は，お互いを非難したり，自分が正しいことを証明する機会ではなく，解決すべき問題があるとしてみなされるのである。

〈事例〉　オフェリアやオーエン，そして，他のチーム・メンバーも，真実のレベルにおいてほとんど進歩していなかった。お互いの人間関係についても，彼らの自己への気づきについても，改善がほとんどなかったのである。いくつか彼らの本当の感情が明らかにされ，認められても，自分たちの問題を解決しようという兆しはなかった。彼らのコミュニケーションの大部分が，自己欺瞞と隠しごとのレベルであったからである。オーエンとオフェリアは，この状況の中で自分たちの個人的な恐れに気づいていなかった。さらに，二人が気づいた

> こと（オフェリアはオーエンのトラブルがわかっていたにもかかわらず，直接それを扱わなかった）があったとしても，そのことをグループに隠していた。

彼らの状況を次のようにまとめて見よう（表1.1.を参照）。
レベル1：「あなたは……である」
　オーエンが同僚を非難し，罵倒した時，このレベルで行動していた。オフェリアは，このレベルにも到達していなかった。彼女は，誰に対しても不満を表わすことをためらった。

レベル2：「あなたに対して，私は……と感じる」
　時折，オーエンが悪口を言うのを止め，その状況に関して自分がどう思っているのかを語っていた時，このレベルに達したようであった。

レベル3：「なぜなら，あなたが……だから」
　グループが暗黙のうちに特定の問題を公にしないことに同意したので，メンバーはこのレベルに到達することはなかった。

レベル4：「私は，あなたが私のことを……と感じていると思う」
　グループはほとんどレベル3にも到達していなかったので，このレベルにおける動きは何もなかった。もしあれば，オーエンはきっと「私は，あなたが私のことを嫌いだ（私は愛されていない）と思う」と言っただろう。「私は，あなたは私が好かれる存在ではないと思っていると思う（したがって，私はあなたに敵対しない）」とオフェリアが言うこともできただろう。オフェリアの行動を手がかりにして，グループ・メンバーは次のように言うこともできた。「あなたのことを批判したら，私は，あなたが我々のことを思いやりがない（愛情に欠けた）と感じると思ったし，我々が何を言ったとしても，あなたは我々のことを気にしなければならないほど重要な存在ではないと感じると思った」。

レベル5：「私は，自分が……と恐れている」
　レベル4と同様に，このレベルはグループ・メンバーが到達したレベルよりはるかに多くの自己の気づきを必要とする。彼らが多くの自己の気づきを持っていたら，オーエンやオフェリアやグループ・メンバーは「私は，自分が好かれない存在だと恐れている」と言うことができたはずである。グループ・メンバーも「我々は，自分たちが重要な存在ではないことを恐れている」と言っただろう。

振り返り：真実のレベルについて考える

以下の設問は，行動に対する私の気づきを高め，真実のレベルにおける私の態度を明らかにするためにつくられたものである。これらの設問は，私がより明らかにすることを目的としている。設問は評価ではない。変えるかどうかは私が選択することなのである。

1. 私は真実のどのレベルで通常行動しているか？　私はどのレベルで行動するのが好きであるか？
2. 真実のレベルの概念は，私が職場のいろいろな状況を明瞭にすることに役立つか？　どんな状況か？　どう役に立つか？
3. 全員がレベル1で行動した職場状況をどのように表現するか？
4. 職場でレベル4とレベル5が常に行われたらどうなるだろうか？
5. 労使交渉で真実のレベルはどう使うことができるか？
6. 技術的な見解の相違がある状況で，真実のレベルをどのように使うことができるか？
7. 個人間の口論で，真実のレベルをどのように使うことができるか？
8. 私は自分の職場で真実のレベルをどのように実行するか？　私は実行しようという気持ちがあるか？
9. 私は，真実のレベルと収益性の間にどんな関係があると思うか？
10. 職場の中で正直であることは良い考えであるか？　なぜか？

真実のレベルは，コミュニケーションのもう一つの重要な領域であるリスニング（聴く）（表1.2.を参照）に応用することができる。リスニングのレベルは，真実のレベルに対応する。ここでは，私があなたの行動に対して何を行い，何を言うか，また，私が自分の行動に何を感じているかを分析することができる。

4. 開放性（オープンネス）の限界

　絶えず完全にオープンであるということはバカげていると聞こえるかもしれない。通りですれ違う一人ひとりに立ち止まって，その人の容姿や服装について私が感じたことを相手に話さなければならないのか？　重要なミーティングに遅刻してまで，30分間もかけてウェートレスに彼女の能力について私が感じたことを話さなければならないのか？　答えは「NO」である。ウェートレスに私の気持ちを話したいと思ったとしても，その代わりにその時間をどこか他の所で費やすことを選ぶだろう。

　この問題の中心は，適切さである。そして，それは実際の状況より抽象的な状況において問題となってくる。彼女の喫煙で私が迷惑していることを同僚に話すかどうか思い悩んでいるという職場の状況を例にとって考えてみる。「それは，本当に取るに足らないことだ」と私は自分自身に言う。「私を悩ます些細なこと全てを彼女に話すことなんてできない。それに，明日，彼女に言うこともできる」。

　そのような状況における実際的な解決案は，次の通りである。「何を話すべきか，話さぬべきかを決めかねている時は，話すべきである。その問題が本当に見当違いであれば，私はそのことが気にはならなかっただろう」。ジレンマは，通常次の通りである。「話すことは大切だということはわかっているのだが，話さない理由が欲しい」。

　オープンになるのを制限した方がよいもう一つの場合は，命にかかわる極限状況である。例えば，ナチスが私の子供たちを撃つ目的で家に押し入ってきて，子供たちの居場所を教えろと要求しても，「子供たちはクローゼットの中にいる」とは決して言わないだろう。「絶対に教えない」とも言わないだろう。しかし，このような状況は，開放性の原則における例外となるほど極端でなければならない。

　〈事例〉　オフェリアとオーエン，そして，ワークショップに出席した他のグループ・メンバーは，自分自身とお互いの問題に対する解答を自分たちの内側に探し始めた。他の多くのグループと同様，皆が仲間性と統制について関心を

4. 開放性（オープンネス）の限界

■表1.2. リスニング（聴く）のレベル

真実のレベル	私が言うこと／行うこと	表面化で，私が望んでいること／感じていること
−1　自己偽瞞	「私はあなたが私と話したかったことを知らなかった」。	「あなたに話しかけて欲しくない」。
	この状態では，私はあなたにかかわりたくないので，ずっとあなたの申し出を自分に気づかせないようにしている。	
0　隠しごと	「私はあなたの話を聞いていない」。	「私はあなたの話を聞きたくない」。
	私はあなたの話を聞きたくないことに気づいており，故意に聞かないようにする。	
1　「あなたは…である」	「私はあなたが言ったような人間ではない」。	「私はあなたが言ったことを否定したいし，自分自身を防衛したい」。
	私は攻撃され，非難されることを予想している。そこで，否定するのに十分なだけあなたの話を聞き，自分を防衛する準備をする。	
2　「あなたに対して，私は…と感じる」	「あなたは誤っている」。	「私はあなたを攻撃したいし，あなたを信用したくない」。
	私はあなたの言っていることが好きではないので，少し歪めても，あなたを信用しないようにして，あなたを攻撃する。	
3　「なぜなら，あなたが……だから」	「……は誤っており，私が正しい」。	「あなたに私の話を聞いて欲しい。私は，反撃する余地を見つけるためにだけあなたの話を聞く」。
	私はあなたの話を聞きたくないので，あなたをさえぎる。私はあなたに私の話を聞いて欲しい。私が正しく，あなたは誤っているとあなたに信じさせたい。	
4　「私は，あなたが私のことを……と感じていると思う」	「私はあなたが話していることを理解するまで聞く」。	「私はあなたが話していることを理解したい」。
	私は，本当にあなたが話していることを理解したい。わからなければ，あなたに明確にしてくれと頼むか，詳しく述べてくれと頼む。	
5　「私は，自分が……と恐れている」	「あなたを……と誤解しているので，私はあなたの話を聞くだろう」。	「私は，あなたが話していることやあなたが感じていることを理解したい」。
	私は，言葉だけでなく，その背景にある心情も理解したい。	

第1章:ヒューマン・エレメント・モデル

　持ったが,オフェリアとオーエンの不安は,好かれているかということだった。
　オフェリアは,自分がチームから何を欲しているのかを明確にすることと権威主義者であることとを混乱していた。彼女は人から独裁的リーダーと見られることを恐れ,一生懸命努力して何も始めないようにしていた。彼女は,自分がオーエンに対して強いアクションをとれば,彼と他のチーム・メンバーを傷つけ,自分が嫌われるのではないかと恐れていた。その結果,混乱し,優柔不断となった。オフェリアが望んでいることをチーム・メンバーに話すことはむしろ彼らを助けることになると,チーム・メンバーはオフェリアに話し,納得させた。彼らはいつでも反対できるし,より良い解決案を作り上げることもできるのだった。
　オーエンは,他のチーム・メンバーからの否定的な反応を聞くとかえって安心した。彼にはわかっていたからである(少くとも疑っていた)。彼は優しくなり,自分のバックグラウンドや自分が人から好かれない存在であると感じるようになった理由を話し始めた。新しい状況においても,人々はいつでも最終的には彼を拒絶するだろうと決めてかかっていた。彼の不快な行動は,人々が彼を拒絶する前に人々を拒絶しようとしていたことだったとわかったのである。
　他のチーム・メンバーは,オフェリアと他のメンバーから嫌われて,自分の仕事を失うかもしれないという恐れから,不平を言うことに積極的ではなかったことを認めた。真実のレベルの観点から,「私は,あなたが私のことを……と感じていると思う」「私は,自分が……と恐れている」の両方に対する彼らの解答は,「好かれていない」であった。チーム・メンバーが最も深い真実のレベルに到達した時,彼らはお互いに,そして,自分自身に正直になる能力を持つようになり,自分自身とお互いのことを理解し始めた。これらが,まさに彼らが自分たちの問題解決を始めるために必要としたツールであった。
　オフェリアは,自分が欲しているものを明らかにすると誓った。チーム・メンバーは,自分たちがオフェリアと意見が一致しない時には,必ず反対して,彼女と一緒により良い解決案を作り上げると約束した。オーエンがまわりの人を悩ます時は,注意され,また,彼の弱い領域についてのコーチをうけ,教えてもらうことになった。グループのメンバー全員は,自分たちを悩ますものがある時はいつでも率直に言うことを確認し,この活動のために毎週,特別な時間をとることにした。その後,グループの生産性は上昇し始めた。

4. 開放性（オープンネス）の限界

開放性（オープンネスの要約）
問題 ➡ 開放的（オープン）か閉鎖的（クローズド）か
他の人たちに対する行動 ➡ 開放的であること
自己に対する行動 ➡ 自己の気づき
基本的な感情 ➡ 好感（愛情）
やりとり ➡ 抱擁する
対人関係の恐れ ➡ 嫌われる，拒絶される，軽蔑される
個人の恐れ ➡ 好かれない，愛されない

第1章：ヒューマン・エレメント・モデル

> **振り返り**　開放性（オープンネス）

1. 私の組織の中で，オフェリアとオーエンのような状況があるだろうか？
2. 真実のレベルはその状況を解決するのにどのように役立っただろうか？
3. 私は自分の組織の開放性のレベルをどう表現するか？
   高い開放的な雰囲気（オープンなコミュニケーション，秘密が全くない，隠しごとが全くない，正直なフィードバック）か？　あるいは，低い開放的な雰囲気（プライバシーの尊重，知らなければならないことだけを伝えるということを基本にした慎重なコミュニケーション，人々の感情を傷つけないよう気をつける）であるか？
   全てが変わるとしたら，私は組織のオープンネスの雰囲気がどのように変わって欲しいだろうか？
4. オープンネスに対する組織的なアプローチのそれぞれの型の長所と短所は何であるか？
5. 初めて私に会った人は私を好きになるだろうか？
   この反応は，時間が経つにつれて変わるか？　もし変わるなら，どのように変わるか？
6. 私があまりにオープンすぎると誰かに言われたことがあっただろうか？
   その見方にはどんな真実があるだろうか？　もしそれが真実でないなら，私はなぜ他の人が真実だと思ったと思うか？
7. 私が全然オープンでないと誰かに言われたことがあっただろうか？
   その見方にはどんな真実があるだろうか？　それが真実でないなら，私はなぜ他の人が真実だと思ったと思うか？
8. 私の体験で，組織の中で自分が好かれていることはどれくらい重要であるか？
   そのことは生産性にどう影響を及ぼすだろうか？
9. 私は，自分が持つ恐れのために，自己好感を減らしたことがあっただろうか？　いつ，どのように？
10. 次の文章をどう思うか？
    「誰に対しても開放的になることと個人的に誰に対しても閉鎖的であることの両極端で揺れる人と，単に相手と適切な親密な関係を持つことが困難な人は，自分自身の自己好感を心配しているのかもしれない」。私はそのような人を誰か知っていただろうか？

第2章

Personal and Professional Effectiveness

自己概念（セルフコンセプト）とセルフエスティーム
個人としてプロフェッショナルとして
最高の生産性を上げるための基本的要素

> あなたは，この世界でよい影響を与える存在でありたいですか？　それならば，まずはあなた自身の人生をきちんとしなさい。
> 老子

　ヒューマン・エレメント・アプローチの基本—仲間性，支配性，開放性の三つの次元—をふまえ，この章では，自己概念（自分をどのように体験しているか，つまり，自分をどのように見ているかという私の個人的認知）と，セルフエスティーム（私の自己概念をどのように思っているか）について話を進めていく。私が自己概念について良く思っている時，強いセルフエスティームを持っている。例えば，私が自分自身を積極的だと思っていれば，私は自分の特徴を誇りにしているかもしれない。

　自己概念とセルフエスティームが，個人として，また，専門家として効果的であるために重要なのは，この二つが完全にポジティブでなければ，私はよくわからない行動や破壊的な行動をとることがあるからである。自分が自分の行動の理由にもっと気づくようになるまでは，変わろうと選択してもなかなか効果がない。チームやグループや組織全体が自己概念とセルフエスティームの関係にもっと気づけば，より生産的で，楽しい仕事の関係が期待できる。

　この章では，まず，セルフエスティームの基本的な次元（仲間性，支配性，開放性）がお互いにどう関係しているのかをさらに探究し，その関連性とア

第2章：自己概念（セルフコンセプト）とセルフエスティーム

プリケーションを示し，次に，より明確に自己概念を定義する手段となるヒューマン・エレメント・モデルを紹介し，自己の気づきの探索を進めていく。ここでは，自己概念が恐れを感じる時に起こる対処と防衛のメカニズムについても考える。最後に，自己概念とセルフエスティームの相互作用と，組織の中でこの二つを向上させるために何ができるかを検討する。

1. 自己概念と3つの次元：仲間性，支配性，開放性

　仲間性，支配性，開放性の内容を深く理解してもらうために，このセクションでは，異なる観点からこのコンセプトを見てみよう。「人間関係の起源」「幼年時代の研究」「グループの発達段階」

人間関係の起源と幼年時代

　人生の初期の段階における主要な人間関係は，仲間性についてである。私は生まれたら，生きていくために他の人間と接触を持たなければならない。非常に幼い子供が人間との接触を欠くと，知恵遅れ，病気，そして，死に至ることもあることが立証されている。

　仲間性の段階に続いて，私は社会化の時代（2才から4才）に入る。この時期には，私の主要な人間関係は統制に集中する（つまり，どれくらい私は自分の人生を自由に決めるか，どれくらい私が両親や他の大人の命令に従うかということである）。

　私が成長していく（4才から6才）と，開放性の問題が生じてくる。すなわち，より深い感情，愛と愛情の表現が対人関係における問題の中心となる。犠牲，母親と父親との関係に対する嫉妬，兄弟間の対抗意識，遊び友達との友情といったような問題が生じてくる。この時点における対人関係と個人の出来事の中心は開放性であり，私がこれらの問題にどのように対処するかである。自分が誰なのか，そして，我々がどのようにかかわっているかを知ることは，両親と私の両方が自分の本当の感情を表現することにどれくらいオープンになるかという意思決定を必要とする。

　研究者によって使う用語は異なるが，様々な幼年期の研究からも，発達段

階における仲間性，支配性，開放性の重要性が立証されている。これらの研究の中でも，仲間性は，親と子供のやりとり，刺激，その極端な形である甘え，と名づけられている。親子関係における高い仲間性は，子供中心の家庭として特徴づけられる。そのような家庭では，子供である私は，注目や関心を持たれ，両親と一緒に行動し，両親から密度の濃い頻繁な接触を絶えず与えられるのである。低い仲間性は，大人中心の家庭として特徴づけられる。私はおもちゃと共に家に残され，ほったらかしにされ，無視され，刺激を受けることもなく，躾に関してさえも私の両親とのやりとりは少ない。そして，私が言われていたことをちゃんとやらなかったり，言いつけを聞かなかったり，マスターベーションのような許されていないことをやっても，注意されることもない。

　親子関係における支配性は，民主主義と自立心の促進という観点から説明される。低い統制の人間関係は，選択する，決める，始める，拒否するという自由がある，つまり，気まぐれな統制から解放されることになる。一般的に，両親は自分たちの方針を正当化し，民主的に物事を決定し，何でもやさしく説明してくれ，性に関する私の質問にも答えてくれ，ピクニックなどにも連れて行ってくれ，おこづかいをくれ，私の喧嘩の仲裁もしない。高い統制の下では，厳しく抑制され，従順さを要求され，命令を与えられ，一般的に，規則によって拘束される。

　様々な研究において，開放性は，愛着，承認，受容とも呼ばれている。高い開放性では，元気づける，手助けをするといった行動も含まれる。低い開放性の家族の中では，非難され，落胆させられ，難色を示され，拒絶され，禁止され，愛情を与えられない。

　エレーナとシドニー・グリュックスによる犯罪の古典的な研究は，子供と家族のやりとりにおける仲間性，支配性，開放性の重要性を強調している。二人の研究によって，仲間性，支配性，開放性の問題が，最終的に子供たちを非行に走らせてしまう確かな前兆であることがわかった。グリュックスは，家族の凝集性（仲間性），父親による躾と母親による監督（支配性），父母の愛情（開放性）の要素を用いたのだった。

第2章:自己概念(セルフコンセプト)とセルフエスティーム

グループの発達

　グループの発達における仲間性,支配性,開放性の段階は,子供の発達の局面と全く同じである。新しいグループや組織を形成する際に,そのメンバーは,誰が内に入っているか,誰が外に出ているかを明らかにするための境界線を確立する。古代の部族や現代でもある部族では,入族の儀式—通過儀礼—を体験することによって,部族のメンバーシップを確立する。現代の組織においても,同様のセレモニーが存在する。「同じ政党を支持している」「会費を払っている」「出身校が同じである」「同じ試験に合格した」「同じ家柄を持つ」「同じ考え方を支持する」「同じ面接に合格する」。その基準が何であれ,グループは,誰がメンバーの一員かを定義するための特定の手続きを作り上げる。グループがすでに存在していて,誰かがグループに新しく加わったり,誰かがグループから抜ける時,グループは,仲間性の手続きを用いて変化に対応する。

　グループや組織が形成されると,次に役割やパワーの分配という支配性の問題に移っていく。部族においては,力の強さや年齢によってリーダーを決めた。家族では,男女の役割や年齢や能力によってお互いの人間関係を決定している。現代の組織では,選挙,内規,任命,特殊技能,権力,財力,家柄,好感度や,「誰を知っているか」というコネによる人事などによってメンバー同士の力関係を確立する。

　次に,組織やグループは開放性について決定を下さなければならない。「我々は,ビジネスライクになって個人的な感情を持ち出さないようにするか,あるいは,お互いにオープンなって自分自身をどう思っているか,お互いについてどう感じているかを話し合うようにするかである」。我々は,通常,開放性について寄せている感情には並々ならぬものがある。お互いの感情を表現しなければ個人的に親しくなることには限界があるとして感情が出せないのなら,グループに残ることに興味がないという人たちもいれば,恐らく同じくらいの強い信念を持って,グループがお互いの感情を表現させるならば,グループには留まりたくないという人たちもいるだろう。リーダーが変わると,グループの動きも変化することがある。前のリーダーはオープンな雰囲気を奨励していたが,新しいリーダーは閉鎖的な雰囲気を好み,その際

に，特にリーダーの好む雰囲気が異なるという問題を誰も直接話さなければ，閉鎖的な雰囲気が組織の中にストレスを生み出していくだろう。

2. 自己概念を理解するためのモデル

　仲間性，支配性，開放性の３つの次元を用いることによって，コンセプトは統合され，洗練された適用しやすいモデルとなる。ヒューマン・エレメント・アプローチ，特に自己概念（そして，セルフエスティーム）の要素を全て網羅しているので,「ヒューマン・エレメントの周期表」（表2.1.を参照）は組織にとって役に立つものである。自己概念は自己の気づきの根本であり，したがって，行動と感情を変えるという選択をする能力の基礎であり，結果として，組織生活の質を改善するために中心的役割を果たすのである。

　このセクションで検討するモデルにはいくつかの利点がある。このモデルは包括的で，かつ，重複することなしに全ての要因と局面がまとめて示されており，組織の問題の全てを同じ言葉で表現できるので，組織の問題に対する全てのアプローチを統合することができる。周期表のタテの部分は，特定の行動と感情を表している。

　人間の行動は非常に複雑である。でも，本当にそうだろうか？　私は，毎日限りないほどいろいろな行動を観察しており，全く理解できずにあきらめることもある。あまりにたくさんありすぎるのだ。しかし，我々が検討してきた３つの次元を用いることによって，私の行動に対する理解をシンプルにすることができる。前に触れたファセット・デザインと名づけられた方法は，プロセスの単純化に非常に役立つ。私が全ての行動の基礎となる原則や要因，すなわちファセットを見つけ，これらのファセットを結合させる方法を見つけることができれば，あまりにもわかりにくい人間というものを理解できるようになるのである。

　ディーパック・チョプラは,「バイオリンが箱に入っていて見えない状態を想像するように」と我々を招く。「その弦が振動すると，様々な調子，和音，音階のシーケンス，音色が生じる。あなたが音楽が何であるかわからない異星人だったら，全く異なるものとしてこれらのことを一つ一つ見ていくだろ

第2章：自己概念（セルフコンセプト）とセルフエスティーム

う。箱を開けてみて，本当にあらゆる音が一つのバイオリンから来たことを知り，初めてそれら全てが統一された源を持っていたことを確信するはずである」。

　もう一つの例として，この世にある無数の色は，色の3原色—赤，黄，青—から全て生じている。このことは，まさに基本的な基礎をなす面(ファセット)の発見によって簡略化がなされた例である。例えば，3つの色を混ぜ合わせるというように3つの原色を種々の方法で結合させることによって，何百もの他の色を生み出す。別の操作によって，別の効果が生じる。例えば，ある色の隣に別の色を並置することによって，最初とは強烈さや見かけが変わる。それに加えて，「アースカラー」「暖色」「寒色」のような色の分類は，全色をサブグループに分類することによって細かく定義することができる。主要な色という名のこの原色は，全ての色の理解を単純化する知的枠組みと，それぞれの色の特性と関係を探究するためのツールを提供するのである。同じように，仲間性，支配性，開放性の3つの領域を用いることで，人間行動の理解を単純化できるコンセプトの基礎を示すことができるのである。

　ヒューマン・エレメントの周期表には，次に述べる3つの局面がある。

- 心理的な局面（6つの局面）
　　行動のレベルには3つの局面がある。仲間性，支配性，開放性である。また，感情のレベルにも3つの局面がある。重要感，有能感，好感である。

- 方向性の局面（4つの局面）
　　対人関係には，行動や感情の発信者と受信者が存在する。私が発信者と受信者である時，私は自分の自己概念を探究している。そこで，方向性の局面は，「自分（私）から他者（あなた）へ」「他者（あなた）から自分（私）へ」「自分（私）から自分（私）へ」「他者（あなた）から他者（あなた）へ」である。

2. 自己概念を理解するためのモデル

●次元に関連した局面（2つの局面）

　私が認知している行動と感情（見ている——現実），私が望む行動と感情（欲求）は，もう一つの局面を構成する。これらの2つの局面の違いによって，自分自身に対する満足度を測定することができる。私が現実に見ていること（自己概念）と私が望むこと（欲求）が全く同じである時，私は強いセルフエスティームを持っている。例えば，私が人々を統制することが高いと自分自身を見ており（現実），そういう自分が好きであれば，人々を統制するという支配性における私のセルフエスティームは高い。

　6つの心理的な局面は，表2.1.の左側に記載されている。4つの方向性の局面は，表の一番上に配列されている。2つの次元に関連した局面は，その方向性の各局面の下に置かれている。表2.1.の48個のマス目は，全ての局面について可能な組合せを全て表わしている。48個のマス目をより簡単に参照できるように，各マス目に2桁の番号をつけた。最初の桁は横列番号であり，その次の桁は縦列番号である。例えば，「私はあなたが私にオープンであってほしいと思う」は，3番目の横列と4番目の縦列である。したがって，34にある。重要な概念は，マス目の組合せを用いて表わすことができる。例えば，自己概念は，5番目の縦列の中の6つのマス目（15, 25, 35, 45, 55, 65）と，6番目の縦列の中の6つのマス目（16, 26, 36, 46, 56, 66）で表わすことができる。

　周期表内の各マス目は，決まった使い方を表わしている。例えば，同意の程度を測定するために，各マス目は，+9（「私はこの文に強く同意する」），0「私はこの文に強く同意しない」），-9（「私はこの文の否定形に強く同意する」）というものさし（-9～0～+9）を持っていると考えることができる。私はとてもあなたが好きである（61が+9），あるいは，私はあなたを好きではない（61が0），もしくは，私はあなたが嫌いである（61が-9）という可能性が私にはあるのである。また，各々のマス目が，「完全に気づいている」から「全く気づいていない」（言い換えれば，意識から無意識）のものさしを持っているとも考えられる。私は非常に有能な感じがするという意識があ

第2章：自己概念（セルフコンセプト）とセルフエスティーム

■表2.1. ヒューマン・エレメントの周期表

方向性	対人関係：発信 自分（私）から他者（あなた）へ		対人関係：受信 他者（あなた）から自分（私）へ	
次元	現実	欲求	現実	欲求
仲間性	私は あなたを 誘う 11	私は あなたを 誘いたい 12	あなたは 私を 誘う 13	私は あなたから 誘われたい 14
支配性	私は あなたを 統制する 21	私は あなたを 統制したい 22	あなたは 私を 統制する 23	私は あなたから 統制されたい 24
開放性	私は あなたに オープンで ある 31	私は あなたに オープンで ありたい 32	あなたは 私に オープンで ある 33	私に オープンで あってほしい 34
重要感	私は あなたを 重要だと 思う 41	私は あなたを 重要だと 思いたい 42	あなたは 私を 重要だと 思う 43	私は あなたから 重要だと 思われたい 44
有能感	私は あなたを 有能だと 思う 51	私は あなたを 有能だと 思いたい 52	あなたは 私を 有能だと 思う 53	私は あなたから 有能だと 思われたい 54
好感	私は あなたに 好感を 持っている 61	私は あなたに 好感を 持ちたい 62	あなたは 私に 好感を 持っている 63	私は あなたに 好感を 持たれたい 64

↑ 行動レベル ↓
↑ 感情レベル ↓

表2.1.ヒューマン・エレメントの周期表

	個　人 自分（私）から自分（私）へ		他　者 他者（あなた）から他者（あなた）へ	
	現実	欲求	現実	欲求
	私は 生き生き している 15	私は 生き生き していたい 16	あなたは 生き生き している 17	あなたは 生き生き していたいと 思っている 18
	私は 自分の人生を 決定する 25	私は 自分の人生を 決定したい 26	あなたは 自分の人生を 決定する 27	あなたは 自分の人生を 決定したいと 思っている 28
	私は 自分自身に 気づいている 35	私は 自分自身に 気づきたい 36	あなたは 自分自身に 気づいている 37	あなたは 自分自身に 気づきたい 38
← 自己概念レベル →	私は 自分を 重要だと 思う 45	私は 自分を 重要だと 思いたい 46	あなたは 自分を 重要だと 思っている 47	あなたは 自分を 重要だと 思いたい 48
	私は 自分を 有能だと 思う 55	私は 自分を 有能だと 思いたい 56	あなたは 自分を 有能だと 思っている 57	あなたは 自分を 有能だと 思いたい 58
	私は 自分自身を 好きである 65	私は 自分自身を 好きになりたい 66	あなたは 自分自身が 好きである 67	あなたは 自分自身を 好きになりたい 68

る（(55)が＋8）かもしれないが，無意識では，私は自分の有能感に本気で疑いを持っているかもしれない（(55)が－8)。なぜなら，私はまだ自分自身にその感情を気づかせていないからである。

テストのスコアや評価，あるいは，量的な目標の達成のような客観的な測定を用いるために，私がそれぞれのマス目に数値を割り当てて，いくつかのマス目の数字をまとめたり，他のマス目の数字を加えたり，引いたりすることができる。どんな演算も全てのマス目に適用できる。ここよりこの本の最後まで，度々，振り返りを設けるが，振り返りの目的は，現在の状況をじっくり考える機会を提供することである。

振り返り　私の自己概念を明確にする

　この振り返りは，3つの部面からなる。仲間性の部面と支配性の部面と開放性の部面である。各パートには，周期表に示されたセクションに基づく質問事項が用意されている。その質問事項に答えることによって，主要な行動と感情の次元の各部面における数値を確認することができる。このことを踏まえ，この後，私の自己概念の定義を行う。それぞれのマス目に対して自分を評価することで，私は自分の人間関係を理解する機会を持ち，自分自身についての知識を獲得し，セルフエスティームを向上することができる。

第2章：自己概念（セルフコンセプト）とセルフエスティーム

仲間性

⑪，⑫，⑬，⑭：他の人との仲間性
㊶，㊷，㊸，㊹：他の人との重要感
⑮，⑯：自己の仲間性あるいは，生き生きしていること（アライブネス）
㊺，㊻：自己重要感

	対人関係：発信 自分(私)から他者(あなた)へ		対人関係：受信 他者(あなた)から自分(私)へ		個 人 自分(私)から自分(私)へ		他 者 他者(あなた)から他者(あなた)へ	
	現実	欲求	現実	欲求	現実	欲求	現実	欲求
仲間性	私はあなたを誘う ⑪	私はあなたを誘いたい ⑫	あなたは私を誘う ⑬	私はあなたから誘われたい ⑭	私は生き生きしている ⑮	私は生き生きしていたい ⑯		
支配性								
開放性								
重要感	私はあなたを重要だと思う ㊶	私はあなたを重要だと思いたい ㊷	あなたは私を重要だと思う ㊸	私はあなたから重要だと思われたい ㊹	私は自分を重要だと思う ㊺	私は自分を重要だと思いたい ㊻		
有能感								
好感								

振り返り：私の自己概念を明確にする

　示された各マス目に対して，0（同意しない）から9（同意する）までのものさしから当てはまる番号に○をつける。「あなた」は，やりとりにおける相手を意味する。

11	私はあなたを誘う。		
	同意しない	0 1 2 3 4 5 6 7 8 9	同意する
12	私はあなたを誘いたいと思う。		
	同意しない	0 1 2 3 4 5 6 7 8 9	同意する
13	あなたは私を誘う。		
	同意しない	0 1 2 3 4 5 6 7 8 9	同意する
14	私はあなたから誘われたいと思う。		
	同意しない	0 1 2 3 4 5 6 7 8 9	同意する
15	私は生き生きしている。		
	同意しない	0 1 2 3 4 5 6 7 8 9	同意する
16	私は生き生きしていたい。		
	同意しない	0 1 2 3 4 5 6 7 8 9	同意する
41	私はあなたを重要だと思う。		
	同意しない	0 1 2 3 4 5 6 7 8 9	同意する
42	私はあなたを重要だと思いたい。		
	同意しない	0 1 2 3 4 5 6 7 8 9	同意する
43	あなたは私を重要だと思う。		
	同意しない	0 1 2 3 4 5 6 7 8 9	同意する
44	私はあなたに重要だと思われたい。		
	同意しない	0 1 2 3 4 5 6 7 8 9	同意する
45	私は重要だと思う。		
	同意しない	0 1 2 3 4 5 6 7 8 9	同意する
46	私は重要だと思いたい。		
	同意しない	0 1 2 3 4 5 6 7 8 9	同意する

第2章：自己概念（セルフコンセプト）とセルフエスティーム

支配性
- 21, 22, 23, 24：他の人との統制
- 51, 52, 53, 54：他の人との有能感
- 25, 26：自己の統制，或いは，自己決定
- 55, 56：自己有能感

	対人関係：発信 自分(私)から他者(あなた)へ		対人関係：受信 他者(あなた)から自分(私)へ		個　人 自分(私)から自分(私)へ		他　者 他者(あなた)から他者(あなた)へ	
	現実	欲求	現実	欲求	現実	欲求	現実	欲求
仲間性								
支配性	私はあなたを統制する 21	私はあなたを統制したい 22	あなたは私を統制する 23	私はあなたから統制されたい 24	私は自分の人生を決定する 25	私は自分の人生を決定したい 26		
開放性								
重要感								
有能感	私はあなたを有能だと思う 51	私はあなたを有能だと思いたい 52	あなたは私を有能だと思う 53	私はあなたから有能だと思われたい 54	私は自分を有能だと思う 55	私は自分を有能だと思いたい 56		
好感								

振り返り：私の自己概念を明確にする

　示された各マス目に対して，0（同意しない）から9（同意する）までのものさしから当てはまる番号に○をつける。「あなた」は，やりとりにおける相手を意味する。

21	私はあなたを統制する。 　　同意しない　　　0 1 2 3 4 5 6 7 8 9　　同意する	
22	私はあなたを統制したい。 　　同意しない　　　0 1 2 3 4 5 6 7 8 9　　同意する	
23	あなたは私を統制する。 　　同意しない　　　0 1 2 3 4 5 6 7 8 9　　同意する	
24	私はあなたに私を統制してほしいと思う。 　　同意しない　　　0 1 2 3 4 5 6 7 8 9　　同意する	
25	私は自分の人生を決定する。 　　同意しない　　　0 1 2 3 4 5 6 7 8 9　　同意する	
26	私は自分の人生を決定したい。 　　同意しない　　　0 1 2 3 4 5 6 7 8 9　　同意する	
51	私はあなたを有能だと思う。 　　同意しない　　　0 1 2 3 4 5 6 7 8 9　　同意する	
52	私はあなたを有能だと思いたい。 　　同意しない　　　0 1 2 3 4 5 6 7 8 9　　同意する	
53	あなたは私を有能だと思う。 　　同意しない　　　0 1 2 3 4 5 6 7 8 9　　同意する	
54	私はあなたから有能だと思われたい。 　　同意しない　　　0 1 2 3 4 5 6 7 8 9　　同意する	
55	私は有能だと思う。 　　同意しない　　　0 1 2 3 4 5 6 7 8 9　　同意する	
56	私は有能だと思いたい。 　　同意しない　　　0 1 2 3 4 5 6 7 8 9　　同意する	

第２章：自己概念（セルフコンセプト）とセルフエスティーム

開放性

31, 32, 33, 34：他の人との開放性
61, 62, 63, 64：他の人との好感
35, 36：自己への開放性，或いは，自己の気づき
65, 67：自己好感

	対人関係：発信 自分(私)から他者(あなた)へ		対人関係：受信 他者(あなた)から自分(私)へ		個 人 自分(私)から自分(私)へ		他 者 他者(あなた)から他者(あなた)へ	
	現実	欲求	現実	欲求	現実	欲求	現実	欲求
仲間性								
支配性								
開放性	私はあなたにオープンである 31	私はあなたにオープンでありたい 32	あなたは私にオープンである 33	私にオープンであってほしい 34	私は自分自身に気づいている 35	私は自分自身に気づきたい 36		
重要感								
有能感								
好感	私はあなたに好感を持っている 61	私はあなたに好感を持ちたい 62	あなたは私に好感を持っている 63	私にあなたに好感を持たれたい 64	私は自分自身を好きである 65	私は自分自身を好きになりたい 66		

振り返り：私の自己概念を明確にする

　示された各マス目に対して，0（同意しない）から9（同意する）までのスケールから当てはまる番号に〇をつける。「あなた」は，やりとりにおける相手を意味する。

31	私はあなたに対してオープンである。	
	同意しない　　0 1 2 3 4 5 6 7 8 9　　同意する	
32	私はあなたに対してオープンでありたいと思う。	
	同意しない　　0 1 2 3 4 5 6 7 8 9　　同意する	
33	あなたは私に対してオープンである。	
	同意しない　　0 1 2 3 4 5 6 7 8 9　　同意する	
34	私はあなたが私に対してオープンであってほしいと思う。	
	同意しない　　0 1 2 3 4 5 6 7 8 9　　同意する	
35	私は自分自身に気づいている。	
	同意しない　　0 1 2 3 4 5 6 7 8 9　　同意する	
36	私は自分自身に気づきたい。	
	同意しない　　0 1 2 3 4 5 6 7 8 9　　同意する	
61	私はあなたが好きである。	
	同意しない　　0 1 2 3 4 5 6 7 8 9　　同意する	
62	私はあなたを好きになりたい。	
	同意しない　　0 1 2 3 4 5 6 7 8 9　　同意する	
63	あなたは私を好きである。	
	同意しない　　0 1 2 3 4 5 6 7 8 9　　同意する	
64	私はあなたに好かれたい。	
	同意しない　　0 1 2 3 4 5 6 7 8 9　　同意する	
65	私は自分自身が好きである。	
	同意しない　　0 1 2 3 4 5 6 7 8 9　　同意する	
66	私は自分自身を好きになりたい。	
	同意しない　　0 1 2 3 4 5 6 7 8 9　　同意する	

第2章：自己概念（セルフコンセプト）とセルフエスティーム

3. 自己防衛のプロセスを発見する

　自己概念を理解することが重要だったように，ヒューマン・エレメント・モデルの全体論的な特徴を維持するために，自己概念が妨げられるプロセスを理解することも重要である。自分が受容することができない自己概念の部分的防衛（あるいは，対処）のメカニズムを使って無意識に自分自身から隠してしまう。重要でない，有能でない，好かれていないという感情と，無視される，バカにされる，拒絶されることへの恐れがある私の自己概念の部分は，あまりに苦しく不快なので，これらの気持ちや恐れを感じることを避けるためにはどんなことでもする。自分の現実を歪めるのである。私は，物事がいかにあるべきかという自分なりの哲学を作り上げてしまう。他の人たちに私のためにいろいろやってもらうように試みる。そして，身体の中に自分の葛藤を示す。自分自身を見たくないという気持ちから，私は，自分自身の現実を避けるために，明らかに他の人たちを身代わりとして使う。例えば，自己批判に対処するよりは，他の人たちを批判するほうが簡単である。

　このセクションでは，私がこのような不快な感情を感じる苦痛を避けるために用いる防衛の種類を紹介する。定義に従うと，防衛は，これらの感情を意識していないときに起こる。私が自分自身に対する感情に気づいていれば，自分がこれらの感情にどう対処したいかを選択することができる。一方，これらの感情に気づいていなければ，私は自動操縦で行動しており，自分の行動の多くをなぜ行っているのかわからない。例えば，私が自分の上司を嫌っていながら，そういう気持ちを持ってはいけないと思えば，私は自分の感情と考えを調停しようとして，「合理的な」解決案を目指す。そこで，私は友人と話をしたり，本を読んだり，注意を別のものに向けようとして，最後には，眠ってしまう。しかし，心の底では，私が自分自身についてどう思うかという葛藤がある。上司に対して悩むような気持ちはほとんどないのである。むしろ，上司を嫌いな自分が嫌いなのであり，そういう感情を持っていることで私は好かれる存在ではないように思える。私にとって，自分を好きではないという感情は非常に不快なので，この感情を避けたいのである。そこで，私がその葛藤を抑制したり，否定したりすると，世の中の見方を歪めてしま

3. 自己防衛のプロセスを発見する

う。私のレンズは焦点がずれてしまうのである。私は、人が言うことを誤解したり、明確な理由もないのに怒ったり、敵意を持って人を見たりする。しかし、私がその葛藤を自分の無意識に押し込むことができたら、私の対処する方法の一つは、防衛や対処のメカニズムを使用することである。

　直接的にこれらの防衛のメカニズムに対処する究極の方法は、葛藤の存在に気づくことからまず始めなければならない。葛藤の存在をオープンに明らかにする─つまり、意識化する─と、防衛が理解でき、我々は皆、防衛を行っていることがわかり、私が防衛のために使っているエネルギー全てが不必要であることがわかり、私の共有された人間性を認めることができる。あなたと私が非生産的な行動や感情にエネルギーを浪費しなくてすむようになると、我々はお互いの共通の目標を達成するために一緒によりよく働くことができる。

　以下の記述は、数種類の防衛メカニズムの行動と背景にある思いを示している。このセクションの終わりの振り返りは、防衛のメカニズムをヒューマン・エレメントの周期表を用いてチャートにしたものである。

▌防衛的行動の手がかり

　私が次のようなことを行う時、多分、私は防衛のメカニズムを活用してしまっている。

- どんな状況においても、何がなんでも、頑固に自分の立場に固執する
- 人の話を聞かない
- 他の人たちが私に言ったことを誤解する
- 話すのをやめて、隠しごとをし始める
- 誰も私のことを理解しないと感じる
- 交渉したくない
- いらいらしやすい
- 「特定の話題」については話したくない
- 原因を徹底的に調べたり、捜したりしたくない
- 挑戦されると頭にくる
- 怒りやすい
- 混乱する
- ユーモアのセンスを失う

第２章：自己概念（セルフコンセプト）とセルフエスティーム

　それでは，6つの特定の防衛のメカニズムに進んでいこう。それぞれ，防衛メカニズムを使用している人の観点から提示される。「否定者」「犠牲者」「批評家」「自己非難者」「援助者」「要求者」

①**否定者**（否定）
　私が述べること：私には，問題は全くない。誰かが何かを気にかけたとしても，私は問題扱いせず，相手にしない方法を見つける。私のモットーは，「ノープロブレム（問題なし）」である。
　私が無意識に信じていること：問題があることを否定することによって，私は自分が無能であるという感情に対処しなければならない必然性から逃れられる。

> 〈事例〉　あるコンピューター・ハードウェア会社のトップ・エグゼクティブは，ワーク・ステーションとパソコンの利用が飛躍的に伸び，その会社のメインフレーム・コンピューターのビジネスが時代遅れになる危険があると警告された。彼は不安を抑え，全く問題がないと全員に保証するために，エンジニアリング部門のミーティングを召集した。彼の保証にもかかわらず，その脅威は続き，上役たちは彼をこれ以上このような重要なポジションに就けておくことはできないと決断した。上役たちは率直に彼と話し合い，そこで彼が自分を正直に見る気持ちになった時に明らかになってきたことは，彼は今まで自分の全てのキャリアをメインフレーム・ビジネスの専門家としてやってきたということ，そして，実質的にはワーク・ステーションやパソコンについては全く何も知らなかったということであった。さらに，彼はこの歳になって自分の学習能力に確信が持てなくなっていた。彼は，自分の不安感を認めるより，自分自身にもその脅威を否定することで，深刻に自分の会社の将来を危うくしたのだった。

②**犠牲者**（投影）
　私が述べること：誰かが私にとって，それは攻撃的だとか，それは非難だと思われるような何かを言ったとしたら，たとえ私が拡大解釈をしなければならないとしても，気分が悪くなるし，傷つけられるものである。私はいつでもどこでも，気分が滅入っている。私が，賢ければ殉教者にもなることが

できるだろう。私のモットーは,「かわいそうな私」である。
　私が無意識に信じていること：犠牲者であることは,私が哀れみの対象となり,他の人からの支持を得ることができ,無能であるという自分の感情に対処しなくてすむ（私が犠牲者だと感じる時,必ずしも私は全てを歪めているわけではない。私の認知の中にはいくらかの事実が存在するが,どれくらい多くの事実が存在するかは,私がどのくらい自分の真実に気づいているかに依存する）。

> 〈事例〉　トップ・マネジャーになれなかったパットは,大声で叫んだ。「差別だ！ だから,私は昇進できなかったんだ。会社は常に他のグループを支持している。私のような年齢の人間はいつも不利なんだ」。パットの同僚はその反応にとまどってしまった。なぜなら,全く同じ年齢の人が最終的にそのポストに選ばれたからであった。パットは,自分が無能であるという感情を扱うより,犠牲者を演じる方が簡単だと理解していたのだった。

③批評家（置き換え）
　私が述べること：私は,全てのことについて「完全でない」とコメントする。私は,皆の文章表現を訂正し,人々が誤っている時には指摘し,どんなばかばかしい意見にも注目し,自分の意見とは異なる考えは全て批判する。私のモットーは,「このばかもの,私はおまえよりよく知っているんだ」である。
　私が無意識に信じていること：他の人たちが私より良く見えないことを私が確認すれば,自分が無能であることに,もっと簡単に対処できる。

> 〈事例〉　定期的に,クリスは彼女のアシスタントのジョーシュに批判的になった。彼のやること全てが間違いだらけだった。どんなに取るに足らない仕事でも,ジョーシュは不手際をやらかした。クリスとジョーシュは,何が起こっているのかを探り始めた。ジョーシュはいらいらしており,クリスが突然口やかましくなる理由が理解できなかった。二人が彼の誤りを検討していくと,クリスはある洞察を得た。彼女は自分自身に対して非常に悪い感情を持っていたのだが,ジョーシュを批判することによって,彼女は自分の自己批判的な感情を避ける

第2章：自己概念（セルフコンセプト）とセルフエスティーム

> ことができたのであった。彼に欠点があれば，彼女の欠点はあまり目立たなくなるので，彼女は二人の間の争いを減らすことができた。それ以来，クリスが度を越して批判的になった時はいつでも，彼女は自分自身に対する否定的な感情を他の誰かへ置き換えていたことがわかった。

④ 自己非難者（マゾヒズム）

　私が述べること：私は，起こっていること全てが私の誤りだとわかっている。私は，全ての責任と非難を受ける。私は，人々が私を慰めたり，私のせいではないと説得してくれても認めない。私のモットーは，「私はとっても悪い人間である」である。

　私が無意識に信じていること：最初に自分を非難してしまえば，私は人々からの非難を受けなくてすみ，自分に感じている無能であるという気持ちに対処しなくてすむ。

> 〈事例〉　マリアは，とても慎重に扱わなければならないということを除いては，会社の中で最も有能な社員の一人と考えられた。何かがうまくいかなくなったときはいつでも，彼女は自分がそのことに対して責任があると確信しており，彼女の苦悶は他の誰よりもはるかに大きかった。大勢の人がその問題に関わっており，全部が彼女の責任ではないということを皆がマリアに話して，彼女を元気づけなければならなかった。やがて，皆はマリアの反応に疲れ始めた。彼女を安心させるために貴重な時間を使い，本当に起こったことは何か，どのように直したら良いかを考えるということから注意がそれてしまったのである。ワークショップでは，マリアは，子供の頃，よく非難されたという体験を思い出した。最初に自分を非難すれば，他の人からの批判を避けることができることを学んだのであった。その無意識の戦略は，非常によく機能した。マリアが本当に非難されるべき時でも，人々はそのことを持ち出すことをためらった。彼女は，自己否定をして自分の責任を過大視することで，自分の有能感への不安に対処していたのである。

⑤援助者（同一視）

　私が述べること：私は，助けを必要としていると思う人を探す。その人が助けを必要だとわかっていようがいまいが，助けを欲しがっているのかどうかにかかわらず，相手の反応に関係なく，私ができるあらゆる方法で相手を「助ける」私のモットーは，「あなたも大変ですね。こんな風にやってみては？」である。

　私が無意識に信じていること：他の人の問題に集中すれば，私は自分の無能であるという気持ちに対処しなくてすむ。

〈事例〉　父親のように優しく，仕事の虫である同僚のヘンリーが離婚寸前で，しかも，彼の長男は法に触れる問題を抱えていることを突然聞いて，誰もが大変驚いた。誰かが個人的な問題を抱えると，一番最初に相談にいくのは決まってヘンリーのところだったので，それは大変な驚きであった。ヘンリーは面倒見がよく，思慮分別もあった。彼は，絶えず仕事と家庭生活のバランスの重要性を強調していた。しかし，明らかに彼は，他の人の問題に対処する方が自分自身の問題に対処するより快適だとわかっていたのだった。彼は，家に帰る代わりに，他の誰かの問題を聞くために遅くまで会社に残っていることがよくあった。彼には根本的に愛されているという実感がなかったので，自分が夫としても，父親としても不十分でふさわしくないという感情を持っていたことがカウンセリングによって明らかになった。

⑥要求者（補償）

　私が述べること：私は大丈夫だと話してくれ。それぐらいじゃ，十分ではない。もう一度私に言ってくれ。私を納得させてくれ。私のモットーは，「もっと，もっと私のことを良く言ってほしい」である。

　私が無意識に信じていること：求めることで，私は自分の無能さを補ってくれる誰かを得ることができ，その結果，私は自分の無能さに対処する必要がない。

〈事例〉　カルミンは，ライン・マネジャーに昇進したばかりであった。彼の部下たちはカルミンが良い仕事をしていると思っていたし，上司のソフィアも同

第2章：自己概念（セルフコンセプト）とセルフエスティーム

じように思っていた。しかし，ミーティングというミーティングで，カルミンはソフィアに自分はどうであるかと尋ねた。ソフィアが感情を表わさないでいると，カルミンは悪い気持ちがした。彼はしょんぼりしたり，訳もわからず怒ったり，じだんだを踏んだりした。カルミンは，スタッフにも「フィードバック」を求めることがあった。しかし，最高の賞賛以外は聞かないようだった。彼は新しい地位での自分の有能感にあまりに不安だったので，スタッフも上司も彼が本当に良い仕事をしていると感じられるようなことを言うことができなかったのである。

　私は，囚人のグループを指導していたサン・ルイス・オビスポ刑務所の職員の訓練を行った。トレーナーには2つのタイプがあった。独房に入って手強い受刑者からナイフを取り上げるタフで経験豊かな「元警官」とカリフォルニア大学からやってきたソーシャルワーカーである。驚いたことに，「元警官」のグループ療法についての知識はソーシャルワーカーの知識よりはるかに少なかったにもかかわらず，「元警官」の方がより効果的なグループ療法のリーダーであった。
　インタビューの結果わかったことは，大部分の囚人は，自分の激しい衝撃を統制することができなかったから刑務所に入ることになってしまったのである。彼らは無意識に，「元警官」は自分たちを監禁し，押さえつけることで自分が統制できなかった攻撃的な衝動を押さえつけていると見ていた。したがって，囚人たちはリラックスしてグループ・セッションに参加することができた。それと同じ補償がソーシャルワーカーからは得られなかった。囚人たちは，ソーシャルワーカーはあまりに自由放任過ぎるし，外部からの強制者になろうともしないし，できもしないと見ていた。彼らは，ソーシャルワーカーに対して非常に不安だったので，グループ療法に集中できなかったのである。

3. 自己防衛のプロセスを発見する

▍認知と自己概念

　あらゆる人間関係には，現実の部分と歪みの部分がある。全ての防衛メカニズムは認知の歪みに基づいているので，自分についてどのような感情を持っているかという私の気づきが私の認知の正確さに主要な役割を果たす。私が自分の自己概念に気づいていなければ，他の人が私をどのように見ているかを歪める傾向がある。私が完全に自分の自己概念に気がつけば，もっと本当の姿で自分自身と他の人を見ることができるだろう。

　図2.1は，この重要なポイントを図示したものである。自分自身についての私の感情にどれだけ気づいているかに従って，あるがままのあなた（現実）として，私はあなたを見る（認知）。ある程度，私はあなたに無意識の感情（歪み）を投影する。たとえ私が歪めているとしても，特にあなたの行動や感情には敏感になっているので，私が解釈しているあなたの行動や感情はいくぶん正確である（このことは，図2.1.の中で，現実との歪みをわけている認知を表わす垂直な点線によって表される）。例えば，私は自分に対する嫌悪感をあなたに投影するかもしれない（歪み）。そして，たとえあなたが全般的には私を好きだとしても，多分，あなたは私に対していくらかの嫌悪感を持つだろう（現実）。

　あらゆる認知は部分的には正確であり，真実である。そしてまた，部分的には歪み（私の認知における防衛）である。私が気づけば気づくほど，防衛を使わなくなり，もっと正確に認知できる。私の認知が完全に現実的であれば，「一点の曇りもない完全な認知」──全てが現実であり，歪みがなく，防

■**図2.1. 認知の正確さ**

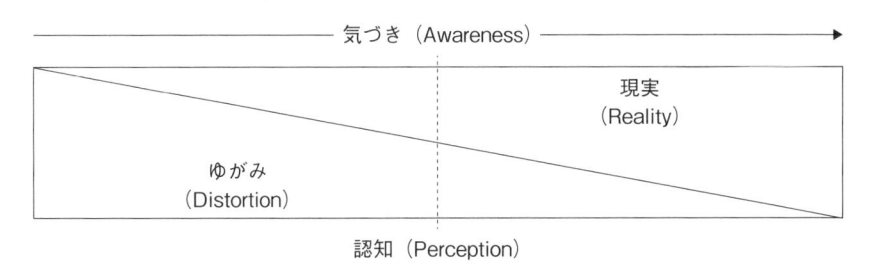

気づき（Awareness）

ゆがみ（Distortion）　　　現実（Reality）

認知（Perception）

第2章：自己概念（セルフコンセプト）とセルフエスティーム

衛もない―を持てる。

1パーセント・ルール

あなたが私の行動に何かを指摘したいと思うとどうなるだろうか？　あなた自身の防衛的行動からあなたがどれくらい投影しているかを私はどうやって知るのか？　私は次のように言うかもしれない。「指摘は人様々である。そして，見る人が十分正確に私を知っていなければ，指摘は明らかに見る人の目によって異なってしまう。あなたは，一つの出来事からあまりに一般化した結論を引き出している。まさに私に仕返しをしようとしているようだ」。私は正しいかもしれないが，おそらく，少くともあなたが述べていることの1パーセントでも正確だと仮定したら，私はもっと多くのことを学べるだろう。指摘を忘れる理由さえも考えられるほど私は賢いので，完全にあなたの指摘を忘れてしまうこともできるが，1パーセント・ルールによって，もっと私自身について聞くことも，知ることもできるようになる。指摘を受け，徐々に真実をつかみ，受容していくことは，たとえいくらかの歪みがあるにせよ，自己への気づきを高め，より明確な自己概念を発達させるプロセスとなる。

苦痛なしでの進歩？

> エサレンにいた頃，私は自分を啓発することに疲れ，堕落する期間を切望したことがある。私は，「堕落する（endarkenment）」という啓発（enlightenment）の正反対のワークショップを行ったほど，この考えが非常に好きだった。このワークショップでは，各自が自分の最も悪い行動を決定し，グループの残りのメンバーに現実にどのようにうまくそれをやるかを教えることになっていた。
>
> 選択された行動の多くは防衛に関係があることがわかった。我々の喜びと私の大きな驚きとなったのは，この実習によって人々が実際に防衛を使うことが少なくなったことであった。参加者は，自分が犠牲者であったり，批評家であったり，援助者であったり，何であれ，自分が防衛しているこ

とを見つけると，非常に愉決であることを発見し，自分を簡単に笑えることがわかったのである。

　進歩するために必ずしも苦痛を伴う必要はないということをわかったのである。たとえすごく防衛的であったとしても受け入れられるし認めてくれるという状況下では，突然否定的エネルギーを爆発させなくてもよいし，防衛行動そのものも何ら恐ろしいものでなくなったのである。12～35人のグループ全員で同じ目標を探求することは，防衛というものの人間らしさをむしろ認め，価値判断なしに防衛的だった時とその理由を調べることに我々を導き，結果として，我々は防衛的行動をやめる選択をすることができた。

　試してみたらどうか？　今度，あなたが防衛的になったことで自分をとがめようとしたときは，それを楽しむべきである。それにふけってみるべきである。それを誇張してみるべきである。あなたが防衛してきた時のことを全て，そして，あなたに防衛させることになった出来事を考えるのである。あなたが防衛するあらゆる巧妙なやり方を考えるべきである。例えば，あなたの防衛的スタイルが犠牲者的傾向があるなら，あらゆる曖昧なコメントを可能な限り最悪の形で受け取るようにする。それを不当で許されない攻撃に変える。あなたが自分の防衛している箇所を調べることができれば，あなたはもっと防衛を理解できるようになり，防衛がどんな機能を持っているかを理解し，自分を大切にできるようなもっと満足のいく方法を見つけることができる。

第2章：自己概念（セルフコンセプト）とセルフエスティーム

振り返り　対処のメカニズムについて考える

　この振り返りによって，自分の防衛的パターンと対処のメカニズムを見ることができる。私がそのパターンやメカニズムを変えたいかどうかを選択することができる。ここでは自分の行動や反応についての自分のパターンを振り返ることによって，防衛になっていないか考えてみるのである。

　防衛とは自分が現実を歪めて見ている時に起こる。できるだけ正直に振り返ってみる。

　次の質問項目はどれくらいの頻度で行っているか，感じているかを0から9の尺度で応えるものである。ここで過剰に取っている行動や感情は防衛の可能性を持つ。防衛とは自分自身に対する嫌な感情を見ないようにするものである。防衛している時は，他の人をあるがままに見ることができていないということになる。どれだけ頻繁にやっているかどうか，自己チェックをしてみると，自分の行動パターンが見えてくる。高いスコアは必ず防衛しているということではないが，高いスコアになればなるほど防衛している可能性があると言える。

①否定者

　私が意識的にでも無意識のうちにでも，自分自身を騙し，自分が感じたことは違っていることに気づいていたのもかかわらず，誰かにこれらの文章のいくつかを行ってきたかどうかを振り返る。例えば，⑪私はあなたを誘うという行動をする時に，どれくらいの頻度で自分の気持ちのありのままに誘っているのか（正確）？，自分を偽って誘っているのか（偽り）？を0（正確）〜9（偽り）の尺度で当てはまる数字に〇をつけてみる。スコアが高くなればなるほど，偽ってそのような行動や感情を持っているということは防衛の可能性が高いということになる。

|11|　私はあなたを誘う。
　　　　正　確　　　0 1 2 3 4 5 6 7 8 9　　　偽　り

|21|　私はあなたを統制する（または，統制しない）。
　　　　正　確　　　0 1 2 3 4 5 6 7 8 9　　　偽　り

|31|　私はあなたに対してオープンである。
　　　　正　確　　　0 1 2 3 4 5 6 7 8 9　　　偽　り

|41|　私はあなたが重要だと思う。
　　　　正　確　　　0 1 2 3 4 5 6 7 8 9　　　偽　り

|51|　私はあなたが有能だと思う。
　　　　正　確　　　0 1 2 3 4 5 6 7 8 9　　　偽　り

|61|　私はあなたが好きである（愛している）。
　　　　正　確　　　0 1 2 3 4 5 6 7 8 9　　　偽　り

|15|　私は生き生きしている。
　　　　正　確　　　0 1 2 3 4 5 6 7 8 9　　　偽　り

|25|　私は自分自身の人生を決定する。
　　　　正　確　　　0 1 2 3 4 5 6 7 8 9　　　偽　り

|35|　私は自分自身に気づいている。
　　　　正　確　　　0 1 2 3 4 5 6 7 8 9　　　偽　り

|45|　私は重要だと思う。
　　　　正　確　　　0 1 2 3 4 5 6 7 8 9　　　偽　り

|55|　私は有能だと思う。
　　　　正　確　　　0 1 2 3 4 5 6 7 8 9　　　偽　り

|65|　私は自分自身が好きである。
　　　　正　確　　　0 1 2 3 4 5 6 7 8 9　　　偽　り

②犠牲者

どれくらいの頻度で私は不平や文句を言ってきたか？　それはどんな状況だったか？私は犠牲者になっていなかったについて点検してみる。例えば，13あなたは私を無視する，仲間外れにされた時には，どれくらいの頻度で，そのことについて不平や文句を言うのかを考えてみる。頻度多くしばしば不平や文句を言ったり感じたりする（スコア9）のか，めったに不平や文句を言わない（0）のか，0から9までのスコアに○をつける。高いスコアになればなるほど，防衛している可能性が高いということになる。

13　あなたは私を無視する。
　　私はめったにこのことついて　　　　　私はしばしばこのことについて
　　不平を言わない　　　0　1　2　3　4　5　6　7　8　9　　　不平を言う

23　あなたは私を統制しすぎである。
　　私はめったにこのことついて　　　　　私はしばしばこのことについて
　　不平を言わない　　　0　1　2　3　4　5　6　7　8　9　　　不平を言う

33　あなたは私に対してオープンでない。
　　私はめったにこのことついて　　　　　私はしばしばこのことについて
　　不平を言わない　　　0　1　2　3　4　5　6　7　8　9　　　不平を言う

43　あなたは私が重要でないと思う。
　　私はめったにこのことついて　　　　　私はしばしばこのことについて
　　不平を言わない　　　0　1　2　3　4　5　6　7　8　9　　　不平を言う

53　あなたは私が有能でないと思う。
　　私はめったにこのことついて　　　　　私はしばしばこのことについて
　　不平を言わない　　　0　1　2　3　4　5　6　7　8　9　　　不平を言う

63　あなたは私を好きではない（愛していない）。
　　私はめったにこのことついて　　　　　私はしばしばこのことについて
　　不平を言わない　　　0　1　2　3　4　5　6　7　8　9　　　不平を言う

③批評家

　どれくらいの頻度で，私はこれらの感情をもって人々に反応するか？　その時，私は自分のことをどう思うか？例えば，41あなたは重要でないということについて，私はめったにこのことを言わないし，感じない（0）のか，私は頻度多く，しばしばこのことを言うし，感じる（9）のか。0から9までの尺度で当てはまる数字に○をつけてみる。高いスコアになればなるほど，頻度多く言ったり，感じたりしている訳であるから，防衛している可能性があるということになる。

41	あなたは重要でない。
	私はめったにこのことを言わないし，　私はしばしばこのことを言うし，
	感じない　　　　　0　1　2　3　4　5　6　7　8　9　　　　　感じる
51	あなたは有能でない。
	私はめったにこのことを言わないし，　私はしばしばこのことを言うし，
	感じない　　　　　0　1　2　3　4　5　6　7　8　9　　　　　感じる
61	私はあなたを好きでない（愛していない）。
	私はめったにこのことを言わないし，　私はしばしばこのことを言うし，
	感じない　　　　　0　1　2　3　4　5　6　7　8　9　　　　　感じる

第2章：自己概念（セルフコンセプト）とセルフエスティーム

④自己非難者

　私は次の領域のいずれかにおいて自分のことを度を超えて非難する傾向があるだろうか？例えば，11私はあなたを無視する，仲間外れにするということについて，私はめったに自分自身を非難したり，責めたりしない（0）のか，私は頻度多くしばしば自分自身を非難したり責めたりする（9）のか。0から9までの尺度で当てはまる数字○をつけてみる。高いスコアになればなるほど，自己非難者の防衛をしている可能性があるということになる。

11	私はあなたを誘わない。
	私はめったに自分自身を　　　　　　　　　　私はしばしば自分自身を
	非難しない　　　0　1　2　3　4　5　6　7　8　9　　　　非難する
21	私はあなたを統制しない。
	私はめったに自分自身を　　　　　　　　　　私はしばしば自分自身を
	非難しない　　　0　1　2　3　4　5　6　7　8　9　　　　非難する
31	私はあなたに対してオープンでない。
	私はめったに自分自身を　　　　　　　　　　私はしばしば自分自身を
	非難しない　　　0　1　2　3　4　5　6　7　8　9　　　　非難する
15	私は十分に生き生きしていない。
	私はめったに自分自身を　　　　　　　　　　私はしばしば自分自身を
	非難しない　　　0　1　2　3　4　5　6　7　8　9　　　　非難する
25	私は自分自身の人生を決定していない。
	私はめったに自分自身を　　　　　　　　　　私はしばしば自分自身を
	非難しない　　　0　1　2　3　4　5　6　7　8　9　　　　非難する
35	私は自分自身に気づいていない。
	私はめったに自分自身を　　　　　　　　　　私はしばしば自分自身を
	非難しない　　　0　1　2　3　4　5　6　7　8　9　　　　非難する
45	私は重要でないと思う。
	私はめったに自分自身を　　　　　　　　　　私はしばしば自分自身を
	非難しない　　　0　1　2　3　4　5　6　7　8　9　　　　非難する
55	私は有能でないと思う。
	私はめったに自分自身を　　　　　　　　　　私はしばしば自分自身を
	非難しない　　　0　1　2　3　4　5　6　7　8　9　　　　非難する
65	私は自分自身が好きではない。
	私はめったに自分自身を　　　　　　　　　　私はしばしば自分自身を
	非難しない　　　0　1　2　3　4　5　6　7　8　9　　　　非難する

⑤援助者

　次の質問は私が援助者であるという防衛をしている部分を考えるためのものである。自分が援助者であることで気分が良くなるために，いつ私は役に立っているのだろうか？　私はその人が助けられたいのかどうか，あるいは，私がしていることが実際に助けになっているのかどうか気づいていないのではないか？もちろん，私が行っていることが本当に人の助けになっていると思う側面もあるが，自分自身の問題を見たくないが故にやってしまっている防衛ではないかということを確認する。例えば，⑱私はあなたに生き生きして欲しいと思うということについて，私はこのようなことをめったに言わないし，感じない（0）のか，私は頻度多く，しばしばこのことを言うし，感じる（9）のか。0から9までの尺度で，当てはまる数字に○をつける。高いスコア＝防衛ということではないが，高いスコアになればなるほど防衛をしている可能性があるということである。

---

⑱　私はあなたに生き生きしてほしいと思う。
　　私はめったにこのことを言わないし，　私はしばしばこのことを言うし，
　　感じない　　　　　0　1　2　3　4　5　6　7　8　9　　　　　感じる

㉘　私はあなたに自分自身の人生を決定してほしいと思う。
　　私はめったにこのことを言わないし，　私はしばしばこのことを言うし，
　　感じない　　　　　0　1　2　3　4　5　6　7　8　9　　　　　感じる

㊳　私はあなたに自分自身に気づいていてほしいと思う。
　　私はめったにこのことを言わないし，　私はしばしばこのことを言うし，
　　感じない　　　　　0　1　2　3　4　5　6　7　8　9　　　　　感じる

㊽　私はあなたに重要だと思ってほしい。
　　私はめったにこのことを言わないし，　私はしばしばこのことを言うし，
　　感じない　　　　　0　1　2　3　4　5　6　7　8　9　　　　　感じる

㊿　私はあなたに有能だと思ってほしい。
　　私はめったにこのことを言わないし，　私はしばしばこのことを言うし，
　　感じない　　　　　0　1　2　3　4　5　6　7　8　9　　　　　感じる

㊻　私はあなたにあなた自身を好きになってほしい。
　　私はめったにこのことを言わないし，　私はしばしばこのことを言うし，
　　感じない　　　　　0　1　2　3　4　5　6　7　8　9　　　　　感じる

⑥要求者

この防衛は，次の質問項目の状態で過剰であることが，この行動を防衛的なものにする。その領域において自分の要求を満たすことができない自分自身の能力のなさを補うために，私は誰かに過大な要求を行っているかどうかを考える。例えば，⑭私はあなたから誘われたいと思うということについて，私はめったにこのことを言ったり感じたりしない（0）のか，私は頻度多く，しばしばこれを言うし，感じる（9）のか。0〜9までの尺度で当てはまる数字に○をつけてみる。高いスコアになればなるほど防衛をしている可能性があるということである。

⑭ **私はあなたから誘われたいと思う。**
私はめったにこのことを言わないし，　私はしばしばこれを言うし，
感じない　0 1 2 3 4 5 6 7 8 9　感じる

㉔ **私はあなたに私を統制してほしいと思う。**
私はめったにこのことを言わないし，　私はしばしばこれを言うし，
感じない　0 1 2 3 4 5 6 7 8 9　感じる

㉞ **私はあなたに私に対してオープンであってほしいと思う。**
私はめったにこのことを言わないし，　私はしばしばこれを言うし，
感じない　0 1 2 3 4 5 6 7 8 9　感じる

㊹ **私はあなたに私が重要だと思われたい。**
私はめったにこのことを言わないし，　私はしばしばこれを言うし，
感じない　0 1 2 3 4 5 6 7 8 9　感じる

(54) **私はあなたに私が有能だと思われたい。**
私はめったにこのことを言わないし，　私はしばしばこれを言うし，
感じない　0 1 2 3 4 5 6 7 8 9　感じる

(64) **私はあなたに好かれたい（愛されたい）。**
私はめったにこのことを言わないし，　私はしばしばこれを言うし，
感じない　0 1 2 3 4 5 6 7 8 9　感じる

振り返り：対処のメカニズムについて考える

　それでは，もとに戻って，これが評価でないことを思い出しながら，私の答えのパターンをチェックする。正確な自画像，つまり，私の自己概念の一部を得る試みである。108〜114ページの防衛的行動の手がかりを思い出す。私が自分の防衛的行動を排除することを決意するならば，まず最初に，私がいつ防衛的であるかに気づくことが重要である。この章の中で紹介されたコンセプトを使うことによって，私はなぜなのかその理由を理解し始めることができる。

　私はこの文をどう思うか？

　「私の行動と感情が柔軟で，こだわっていない時，私が生き生きしていると感じ，それが快適な時，私が望むだけ自分の人生を決定し，自分の意志で行動を変えることができる時，与えられた時間に自分が望むだけ気づいている時，自分が望んでいる程度に重要で，有能で，好かれていると感じる時，私は最も満足する。私の自己概念がこれらの理想に近づくに従って，私のセルフエスティームは向上する」。

第2章：自己概念（セルフコンセプト）とセルフエスティーム

4. セルフエスティーム：ポジティブな自己概念を確立する

　ポジティブな自己概念が組織の人間的側面において肝要であるという実感は，私にこの見解が一般的な社会や文化に引き起こす両面価値を考えさせることになった。例えば，トム・ウルフのような「ミー・ジェネレーション」の批評家は，この世代の人々を，自己陶酔的で，うぬぼれが強く，自分にしか関心がなく，わがままで，高慢であると呼んだ。私は，これらの描写によって当惑させられた。一部の例外を除いて，私が知っている自分のことをもっと知ろうと追求している人々は，これらの特徴を全く持っていなかったからである。彼らが自分を理解し，好きになった時，より穏やかに，より強く，より本物に近く，そして，より正直になり，人間関係はうまくいき，より誠実に人々のことを気にかけて助けようとしているように見えたのである。私は，カリフォルニア州議会議員ジョン・ヴァスコンセロスやグロリア・スタイネム，そして，セルフエスティームの他のチャンピオンたちに対する激しい非難に等しくとまどってしまった。私の立場からすると，セルフエスティームの擁護者は正しい。セルフエスティームは，本当に人間関係の肝要なことであり，我々の社会的な問題を解くための鍵であるのだ。

　皮肉なのは，セルフエスティームの批評家が完全に何か別のものに焦点をあてているということである。「自分のための過度に誇張された溺愛」。私がここで話していることは，自分に対する敬意と客観的な好感である。もう一つの意外な点は，自己を尊重する気持ちのある人は，自己の誇張された感覚を持たないし，横柄でもないということである。実際は，自己を尊重することが低いと，私が全て正しいということをあなた（そして，根本的には私自身）に信じさせようと横柄になり，自慢をするようになる。深い気づきなしに，自己を高く尊重することと自己に好感を持つことは不可能である。一般的に，気づきが大きければ大きいほど，より良い人間関係をもたらすのである。

4. セルフエスティーム

　セルフエスティームは，私が自分の自己概念について持っている感情である。私が望む自分自身と私が認知する自分自身が一致した時，私はポジティブな自己概念を持ち，その結果，生き生きし，自己決定を行い，自分に気づき，重要で，有能で，好かれる存在であるという，私がそうありたいと思っていた感じが持てるようになる。セルフエスティームは，私がなりたい人間のタイプになることを選択することから生じる。つまり，それがどういう意味なのかに気づいており，私はその通りにふるまうのである。
　セルフエスティームは，意識するものと無意識の両方である。セルフエスティームは，幼年期に始まり，私が自分についての両親や他の人たちからのメッセージを内省化して（または，拒絶して），私は何ができ，何かできないか，そして，私は何であり，何でないかという体験から自分の自己概念を作り上げることによって発達してきたのである。私は自分自身を他者と，あるいは，自分がなりたい理想のタイプや他の人たちの理想のタイプと比較する。
　私は，自分の自己概念のある部分には気づいていない。私はその部分が不快だったので，あるいは，対処できないとか，扱いたくないと思ったので，無意識となったのである。例えば，私が本質的に悪い少年であったと仮定する。私は重要でないし，有能でないという自分の感情と同様に，この愛されないという感情を無意識にしてしまった。つまり，それらの感情は，認めるにはあまりに不快で辛いからである。
　私がこれらの感情を隠す時，また，私が体験している気持ちから自分自身を防衛する時，私は傲慢になる。すなわち，私は自分の重要性を誇張したり，自分の成果を自慢したり，気に入られようとしすぎるのである。この行動は，無意識のうちにセルフエスティームの低さと自己尊重の低さから起こるのである。対照的に，セルフエスティームが高いと，柔軟性があり，完全に自分自身を表わすことができ，自分自身を管理できる。私の認知は正確であり，私は全ての自分の反応を意識化することを学んできたのである。

第2章：自己概念（セルフコンセプト）とセルフエスティーム

　下院の反アメリカ的活動の調査取締委員会によるアンチ共産主義の魔女狩りが最高に達した1950年代，私はカリフォルニア大学ロサンゼルス校の大学院生であり，復員者援護法による手当とティーチング・アシスタントしての給料で生活していた。大学の職員として，私は自分の職を守るためにロイヤリティの誓いに署名することを要求されていた。私の信条から，私は署名しない立場をとっていた。人は政治的な信念を基にして判断されるべきではなく，仕事の業績で判断されるべきであると考えていたからである。

　私は，ロイヤリティの誓いに反対する活動を活発に行った。私の父は，私がしていたことを聞きつけて中西部から飛んできた。父は私と3日間過ごし，この状況と私がとっていた立場を検討したのである。父の態度は，いつも通り論理的であった。「もちろん，原則としておまえは正しいが，自分の将来を危険にさらすことになるんだぞ。おまえは，海のものとも山のものともわからないただのティーチング・アシスタントなんだ。誰もおまえのことを知っちゃいないし，大学院を卒業しても，まず他の人間が先に雇われ，おまえは就職できないだろう。雇主にとって，他の人間はおまえほど危険じゃないからな」。

　父の論法によって私は説得されてしまった。私は署名しないことを宣言している同志たちと昼食をとり，私が署名する決意をしたこと，そして，戦いをやめるために我々が使っていた婉曲表現である「体制の中から戦う」ことを彼らに話した。私はレストランから出て，ロサンゼルスの明るい日の光の中を歩き出した途端，まるで体重が3トンにもなってしまったように私の筋肉は固くて重く，私の気持ちは真っ暗であった。

　その時，私の耳元で小さな声が囁いた。「おまえは，どんな種類の人間でありたいのか？」

　「うるさい」と，私は言った。「自分が惨めな気持ちになっているのがわからないのか？」その声は主張し続けた。そして，最後に私はわかったのだ。署名するとか署名しないとかは，論理の問題ではなかった。人は，どちらの立場をとるかについていろいろな立派な理由を考えることができた。し

4. セルフエスティーム

> かしそれは，自分がどういう種類の人間でありたいかという問題であったのである。
> 　私は，ロイヤリティの誓いに署名しないことを決意した。私の身体は軽くなった。まるで，たった3オンス（90グラム）の重さであるような感じがした。私は素晴らしい気持ちがした。私の身体は，自分がどんな種類の人間でありたいのかを語りかけていたのだった。そして，その通りにすると，私は気分が良くなったのである。振り返って見ると，これは，セルフエスティームが，自分がなりたい種類の人間にどれぐらい近づいているかということと密接な関係があることを体験した，初めての体験だったのである。

　私が現在理想に近い姿になれていたり，今の自分が，なりたくない自分とは，はっきり異なっていたら，私はポジティブなセルフエスティームを持っている。同様に，今の私が自分の理想から離れていればいるほど，自分により失望し，自分自身に対して怒りを感じる。自分自身に対する失望感と怒りの感情は，私のセルフエスティームを下げていくのである。なぜ私は自分の自己概念の中でこのような不十分だという気持ちを感じるのだろうか？　私はどのように自分のセルフエスティームを高めることができるのだろうか？　この問題に対する答えは，選択の概念にある。つまり，私が感情と行動を選択しているのである。なぜなら，一見全く効果的でない行動や感情に見えるものが，実は見返り（ペイオフ）と関係しているからである。私が低いセルフエスティームを選択すると，私は自分のセルフエスティームを低くすることによる見返りを得るのである。

　例えば，私はおもしろい人間になりたいのだが，現実は全くおもしろくない人間だとする。私は，陰気でのっそりしている。私は自分のユーモアのなさから何を得ているのだろうか？　じっくり考えて見ると，その方が私にとってより安全な感じがするのである。どうせ人々は私のことをバカにして笑っているのだと思い，私が冗談として受け取っていたことが，実は本気で

119

第 2 章：自己概念（セルフコンセプト）とセルフエスティーム

あったならば，私は隙を突かれ，心が傷ついてしまうことを恐れるのである。したがって，嫌な驚きを避けるために，全部が本気だと仮定する。私の恐れが自分がなりたい人間であることを妨げ，私のセルフエスティームを低くする。

　私が自分について良い感情を持っていないと，他の人々からの賛辞やサポートを聞くと，確かにその時は嬉しいのだが，私を長い間良い気分にはしてくれない。私が自分自身を知っているほど人が私のことを知っているとは思えないので，私は人からの賛辞を退ける。人は表面的に見えていることが好きなのであって，私の誤りや考えや感情を全て知っているのではないし，私が行ってきたことも知ってはいないのである。人々が本当の私を知れば，私について今までと同じようには思わないだろう。私は，自分に対する他の人々の賞賛や好意を脅威として受け取るかもしれない。私が人々を失望させたらどうなるだろうか？　人々は私を好きだという気持ちをなくしてしまうかもしれない。それなら，人々が良いことを私に言ってくれても，気分が良くなるのは危険である。そして，自分自身をより好きにならないことを選ぶ別の見返りも存在する。「自分自身を好きであることは傲慢である。私が慎み深く見えれば，人々はもっと私を好きになる」「私が自分に自信がなく見えれば，人々は私に多くのことを期待しない」「私は，自分が両親や兄弟より優れていると思うほどずうずうしくない」「自分以外，誰一人として私のことを好きではないのに，私が自分を好きになることはばかげている」。

5. 組織の中でセルフエスティームを向上する

　古くから述べられていることの中に新しい秘訣がある。「私が飢えた女性に魚を与えれば，彼女は空腹でなくなる。私が彼女に魚の釣り方を教えれば，彼女が飢えることはもうないだろう。しかし，私が彼女に自分で魚の釣り方を学ぶような状況をつくってあげれば，彼女は飢えないだろうし，セルフエスティームを高めることができるだろう」。セルフエスティームは，組織における全ての人間関係の中心である。次の振り返りでは，高いセルフエスティームと低いセルフエスティームの一般的特徴を示している。チームワー

クの問題は柔軟性のなさと防衛から起こり，そして，それらはメンバーの違いから生じるのではなく，セルフエスティームの低さと自分自身を暴露される恐れから由来している。同様に，葛藤解決は，柔軟性のなさを解消して，葛藤をチーム・メンバーが一緒に解決する論理的なパズルとしてみることができるかどうかにかかわる。自分を暴露されることを心配したり，正しいということにこだわったり，その他のセルフエスティームの低さから起こる防衛的行動を見せることによって，問題解決は妨げられるのである。リーダーシップも主に自己の気づきに依存し，自分自身を明瞭に見ると同時に，他の人に知られることも快適であると思えるほどに強いセルフエスティームを持つことも必要である。各自が，それぞれの長所や短所を認められ，本当の自分を受け入れられたと感じ，健康なセルフエスティームを持ち，一人ひとりがお互いの問題であるという意識を持って非難することをやめる時，初めて業績考課は成功する。また，健康で，怪我のない職場は，気づきによって達成される。低いセルフエスティームから起こる個人的な問題を効果的に扱う時，始めてクォリティー・プログラムは成功する。「異なる」グループからの自己概念への脅威が軽減される時，多様性は賞賛されるのである。

　私の他の人との人間関係は，主に私が自分自身に関してどう思っているかに依存する。あなたが私に自分を疑わせる状態をつくっていると私は思っているので，問題は起こるのである。例えば，私が重要だと思えず，あなたが私を無視するなら，私は首にならない程度にしか働かない。しかし，私が重要だと思えれば，自分があなたに何をして欲しいかを話すかもしれない（つまり，あなたが私の仕事についてフィードバックを与えるということである）。私ができないと思っていることをあなたが私にやらせようとすれば，私はあなたに対して非常に腹を立て，あなたが私にやらせたいと思っていることを私はやらない。しかし，私が有能だと思えば，その挑戦を歓迎する。私はあなたが私を好きでないと感じれば，私はあなたに仕返しをしてやろうとか，あなたを「仕留めよう」と試みるかもしれない。しかし，私が好かれていると感じれば，私は，あなたが私について感じている否定的な感情を，自分自身について学ぶための価値のあるツールとして利用するかもしれない。

　私がなぜ現在の自分自身のように思っているのかを理解するために，これ

第2章：自己概念（セルフコンセプト）とセルフエスティーム

振り返り　セルフエスティームの特徴

■高いセルフエスティーム

> ・表情・マナー・話し方・動作のすべてが，生きていることの喜び，自分が存在していることの喜びを如実に表現している。
> ・仲間といても楽しく過ごし，一人でいても不安にならない。
> ・自分に対する批判にも心を開いて耳を傾け，自分の失敗は快く認める。
> ・状況に合ったリーダーシップ行動が取れるし，指示命令にも素直に従える。
> ・自信を持って物事にチャレンジするが，無謀でもないし，必要以上に注意深くもない。
> ・仕事に誇りをもって取り組む。
> ・他人の断定的な態度（戦闘的ではない）にも快く応じられる。
> ・自分が問題を抱えている相手には，陰口をたたかず，直接正直に話す。
> ・自分をごまかしたり，自分にうそをついたりしないで，自分に正直に振る舞う。
> ・相手を認め，安心して人に任せることが出来る。
> ・困難な状況においても，調和のとれた落ち着きと威厳を失わない。

振り返り：セルフエスティームの特徴

■低いセルフエスティーム

- その場に集中せず，生き生きしていない。
- まわりから無視されているように感じる。
- 自信が持てず，仕事が負担に感じる。
- 意思決定を避ける。(他者に依存する。責任を取ることを避けようとする。)
- 過剰に自分を責めたり，こびへつらったり，卑屈になったりする。
- 人を攻撃したり，横暴になったり，馬鹿にしたような印象を与える。
- 仕事を一人で抱え込んで人に任せたがらない。
- 自分の殻に閉じこもり，容易に人に打ち解けない。
- 表情が暗く，冷たい印象を与え，対人快適性が低い。
- 自分に対して否定的で，明るく振る舞えない。
- 気分の悪さを，周りの人や環境のせいにする。

第2章：自己概念（セルフコンセプト）とセルフエスティーム

らの洞察を自己概念とセルフエスティームに使うことができる。そして，私は自分のセルフエスティームの向上を選択できるのである。自分自身に対する無意識の感情を私の気づきに移すことによって，私が自分自身について持っている今まで認めなかったポジティブな感情を発見するかもしれない。また，私が自分自身について持っているネガティブな考えは，今や正確ではないとわかるのである。

　セルフエスティームを改善する3つの主要な方法がある。第一に，自分の古い行動の原因を探す一方，新しい行動を実践することである。新しい行動はそれ自体で私の自己概念の変化を引き起こすことはないが，変化のプロセスを単純化し，ともかく，一時的な改善を引き起こすかもしれない。第二に，私は自分自身の不満足な部分を見つけ，それらを続けてみることによって，どんな見返りを得ているかがわかる。三番目に，私の生きてきた歴史と生い立ちを振り返り，どこで私が理想的な自己（あるいは，なりたくない自己）という考えを得たかを見つけ出し，それらの決定に立ち戻るのである。以下の振り返りは，私がこれらの3つの方法を行えるような活動を提供する。

振り返り　セルフエスティームについて考える

　この振り返りでは，私が自分のセルフエスティームを改善するプロセスを始めるのを助ける実習から始める。私と一緒に実習を行い，終わった後に話し合いに参加してくれる人，あるいは，友人たちのグループを見つけることができれば，これらの実習は，なお一層価値あるものになる。

行　動

　自分の行動から始める。行動を取り扱うことは，私の低いセルフエスティームの原因の発見にはならないかもしれないが，原因を捜す間に，私をもっとポジティブな行動に導いていく。私の行動を変えることは，新しい，もっと建設的な生き方をするために自分自身の訓練を行う際に役立つ。私は，次の各項目に対して自分自身を評点する。

```
私には                                              とりわけ，私に
あてはまらない      0 1 2 3 4 5 6 7 8 9            あてはまる
```

　――私は真実を話している。自分自身と他の人たちに私の真実が何であるかをわからせる。
　――常に，私は自分の行動を選択をしていることに気づいている。私の人生で起こる全てのことについて，非難することなしに責任を受け入れる。
　――より深い気づきを追求する。読書をしたり，話し合いをしたり，じっくり考えたりする。自分の古い信念とより深いレベルの自分の存在に関する私の気づきを深める。
　――防衛や攻撃，そして，他の人たちが悪いと言う前に，非難をやめ，すぐに価値判断をするのを延ばして，よく聞いて，理解する。
　――私の理想的な自己を想像する。そして，自分がなりたい姿は自分が選んでいることを心に留めておく。
　――自分に隠しごとをしたり，自分自身を騙すことをやめる。
　――自分自身を制約してしまう私の信念を疑う。
　――自分の身体に関心を持ち，感情の手がかりの源である身体のメッセージを聞く。
　――私の成長と自分自身について，苛立ちと価値判断ではなく，尊敬と忍耐をもって扱う。高いセルフエスティームが発達している過程なのだという大きな見通しを持ち続ける。

第2章：自己概念（セルフコンセプト）とセルフエスティーム

不満足な部分

この実習は，自分自身をもっと良く思うことを妨げる，私の不満足な部分を正確に指摘するためにデザインされている。不満足な部分がわかれば，より自分が望む姿になろうとしていないことで何を得ているのか，その見返りを発見することができる。この実習は，私が自分の理想的な自己にどうしてならないのか（あるいは，私が自分が望んでいない存在にどうしてなってしまうのか）の理由を記述するのに役に立つ。現在の私と私がなりたい自分との違いを分析することによって，自分のセルフエスティームの測定を行う。

次の質問事項（振り返り：不満の質問事項）は，私が対人関係と自己概念について持っているかもしれない，全ての不満を表している。他の人が私をどのように見ているかということや，私が「本当は」どうなのか（客観的な測定方法によって自分を見る）ということは，必ずしも一致する必要はない。

各項目の左の空欄に，その項目について私が同意する程度を示す数字を記入する。その数字は，0（同意しない）から9（同意する）である。私は，これが評価や査定でないことはわかっている。私がそう選ぶなら，この実習は，もっと自分自身に気づき，セルフエスティームを強くするためにはどうすればよいかをはっきり見るための機会である。次に，最も大きい数字の欄を○で囲む。これらは，私は自分に対して良い感情を持てないような行動をしている。そして，選択の概念を用いて，別の言い方をすれば，自分が責任をもって次に進む。ここで変わると単に約束するのではなく，これらの行動を行うことですでに何らかの見返りを得ているため，私がこれらの十分でない行動を選んでいると仮定するのである。その行動が良いか悪いか，正しいか間違っているかの判断は脇に置いておいて，自己理解の探究の精神に基づいて見返りを探す。

今，私はより気づくということを選択したのであり，私が何をやりたいかの意識的な決定を下す立場にいるのである。質問事項の後に続く表に，○のついた最も大きい数字をもつ欄の文章とその見返りを書き出す。その見返りは軽々しいものではなく，また，肯定的に述べられなければならない。私がより高いセルフエスティームを得ることを妨げるほど十分な報酬を与えているので，見返りは力が強いにちがいない。

起　源

　次に，私が今，自分自身について確認した感情と考えの起源を探究する。私が誰であるかという考えはどこで得たのか？　その出処を知ることが必ずしも私のセルフエスティームを向上させることにはつながらないが，気づきを高める方向を私に指摘することになるのである。その表のそれぞれの項目に対して，私は自分自身に次のように尋ねる。

- 私が初めてこのような行動をとったり，このような感情を感じたのはいつだったか？
- 私は，親や身近な親戚の人に対してこのようなことを行ったことはあるか？
- 私が子供の頃，身近な親戚の誰かが私に対してこのような行動をとったり，このような感情を感じていたか？
- 私が子供の頃，身近な親戚の誰かが別の身近な親戚の人に対してこのようにふるまっていたか？
- これは，私が本当に望むことなのか？
- 私は，自分が望むことに対して何をする気持ちがあるか？

　では，次のステップに移り（たとえ想像の飛躍であったとしても），以下の設問に答える。

- 私が効果的であることに関して，何が私のセルフエスティームに影響を与え，何が不足しているのか？
- 低いセルフエスティームを持った人々から成る職場はどのようなものか？
- 高いセルフエスティームを持った人々から成る職場はどのようなものか？
- どちらの職場がより高い生産性を持つか？　それはなぜか？
- 私の組織におけるセルフエスティームの全体的レベルはどれくらいか？　私のグループやチームではどれくらいか？　どのようにセルフエスティームのレベルを改善することができるだろうか？

第2章：自己概念（セルフコンセプト）とセルフエスティーム

振り返り　不満の質問事項

- [ ] 私は人を誘いすぎる。
- [ ] 私は十分に人を誘わない。
- [ ] 私は人から誘われすぎる。
- [ ] 私は人から十分に誘われていない。
- [ ] 私は生き生きしている感じがしない。
- [ ] 私は参加しすぎる。
- [ ] 私は人が重要だとは十分に思えない。
- [ ] 私は自分が望む以上に人がはるかに重要だと思っている。
- [ ] 私は人から実際の私より重要だと思われないように努力している。
- [ ] 私は人が私を重要だと感じているかどうかを気にしすぎる。
- [ ] 私は自分が実際に感じているより，もっと重要な存在であるかのように行動する。
- [ ] 私は重要であるかどうかを気にしすぎる。
- [ ] 私は人を統制しすぎる。
- [ ] 私は人を十分に統制していない。
- [ ] 私は人から統制されすぎる。
- [ ] 私は人から十分に統制されていない。
- [ ] 私は自分の人生を十分に統制していない。
- [ ] 私は助けが必要な時でも，進んで助けを求めようとはしない。
- [ ] 私は人が有能だと十分に思えない。
- [ ] 私は自分が望む以上に人がはるかに有能だと思っている。
- [ ] 私は人から実際の私より有能だと思われないようにしている。
- [ ] 私は人が私を有能だと感じているかどうかを気にしすぎる。
- [ ] 私は自分が実際に感じているより，もっと有能な存在であるかのように行動する。
- [ ] 私は有能であるかどうかを気にしすぎる。
- [ ] 私は人に対してオープンでありすぎる。
- [ ] 私は人に対して十分にオープンではない。
- [ ] 私は人に私に対してオープンにさせすぎる。
- [ ] 私は人に私に対して十分にオープンにさせていない。
- [ ] 私は自分自身を十分に知っていない。
- [ ] 私は自分自身を分析しすぎる。
- [ ] 私は十分に人を好きではない。
- [ ] 私は自分が望んでいる以上に人が好きである。
- [ ] 私は実際に人から好かれたいと思っている程度より好かれないようにしている。
- [ ] 私は人が私を好きであるかどうかを気にしすぎる。
- [ ] 私は好かれているかどうかを気にしすぎる。
- [ ] 私は自分を好きでありすぎる。

振り返り：不満の質問事項

スコア	項目	見返り（ペイオフ）

付録

Heart and Power of the Human Elment

ヒューマン・エレメント・アプローチ
より深い理解のために

> 一番大切な人生の問題はどれも，基本的には解決できなはしない……問題は決して解決されることなく，大きくなるだけである。この「大きくなる」ことが，新たな意識のレベルをさらに研究する必要性を示している……問題は論理的に解かれることはないが，新しくより強い生命力に直面する時に消えていくのである。
> カール・ユング

　ユングのコメントは，本書の重要なポイントの一つを表している。多くの個人の問題，専門的な問題，国際的な問題，組織的な問題を解決するために必要とされている新しい意識とは，私が思うに，セルフエスティームに直接関係がある自己意識や自己の気づきのことである。戦争，犯罪，離婚，飢え，テロリズム，公害汚染等の問題の大きさは，組織や政府を「再創造」するための新しいパラダイムを見つけなければならないという切迫感を人々に生み出した。今，人々はより深いレベルで自分自身を理解する準備ができており，その理解を通して，主要な問題に立ち向かうための新しい，よりパワフルな道具を得たのである。ヒューマン・ポテンシャル・ムーブメントから始まった大きな進歩は，問題解決のフレッシュなアプローチに基づくアイデアとテクニックを生み出してきた。組織的なレベルでは，多くのコンサルタントと組織のリーダーが，長年の間，「企業の人間的側面」に対してより多くの注意を注ぐ必要性を指摘し，特定の分野の中では目立った影響を与えてきたのである。

　本書における私のプランは，個人行動，集団行動，組織行動についての新しい考え方から最も役立つものを選びだし，今まで開発されてきたにもかかわらず，忘れられてきた古い考え方の中から最善のものを選び，一つの理論的なモデルに統合し，そして，これらの考え方を実践する方法を提供することである。この選択し，統合していくプロセスは，まさに私の専門家としての人生と私のプライ

付録：ヒューマン・エレメント・アプローチ

ベートな人生における重要なテーマであった。私は，自分のプライベートな人生を専門家としての人生に統合し，古い考え方を新しい考え方に統合し，体験的手法を科学的手法に統合する試みを30年以上もの間行ってきた。この統合しようという欲求は，私の基本的なもう一つの信念であるホーリズム（全体論―身体と心，考えと感情が親密に絡み合っているとする考え）から由来するものである。

理論的で，実際的なこの本の考え方の基本となるものをもっと十分に理解してもらうために，私の経歴を紹介する。これによって，時には極端な代替案のように見えるかもしれないコンセプトの由来と背景が理解できるはずである。

バイオグラフィー

ユダヤ人の家に長男として生まれた者なら誰でも証人になってくれるだろうが，長男に寄せる家族の期待は相当なもので，「まず人の上に立つ人間になれ，そして，世に名を残すのだ」と，プレッシャーをかけられる。そして，何かをやり遂げたとしても決して十分ではないのである。従順な息子であった私は一流大学（UCLA）に入学し，若くして博士号をとった。その後も，ユダヤ人の母が望むことは何でもやってきた。そうすれば，私は「幸せ」になり，母も麻雀やトランプ遊びの仲間に成功した息子の自慢話ができたのだった（これらの価値観がユダヤ教徒や母親たちに限られたことではないことが後になってわかった）。

20年間，私はハーバード大学，シカゴ大学，カリフォルニア大学バークレー校はじめ有名大学で教鞭をとり，研究を行った。心理学を専攻したが，実質的にはむしろ哲学，とりわけ，科学的な方法論，科学哲学，論理実証主義，リサーチデザインで優れた哲学者であるハンス・ライヘンバッハとエイブラハム・カプランの下で勉強した。さらに，統計学を教え，新しい統計理論を確立し，博士論文を書き，スタンフォード大学で開催された社会学者のための数学の夏のワークショップに参加し，奨学基金で有名な社会学者で方法論者でもあるポール・レイザースフェルドと一緒に研究し，それはPsychometrikaの論文となった。アメリカ海軍の兵役義務の間も，大きな戦艦の戦闘情報センター内で，どういう兵士たちのグループが一緒にうまく働けるのかを理解し，うまく働けるグループの予測研究を行った。要するに，私は「科学者」になったのである。

私は数字に強いというので喜ばれ，尊敬もされ，大いに優越感を味わった。私の処女作である『FIRO：対人関係行動の3次元理論』（1958）は，アメリカ海軍での研究をベースにしたものであり，基本的な対人関係指向についての理論とい

バイオグラフィー

くつかの測定材料を紹介したものである。FIRO-B（二人の人間関係を予測するためにデザインされた道具）もこの本に由来する。後で振り返って見ると，この本は，私が科学者として初めての頂点をなす出来事であったのである。

その後数年間は，表面的にはきわめて順調だったが，何となくしっくりしないものがあった。私は伝統的なテクニックを無理やりこじつけていた。教室で教えることは好きだったが，完璧な授業をしているとは思えなかったのである。何となくお茶を濁しているような気がしたのだった。学生にはその分野では二流の本をあてがい，自分は一番良いとされる文献を事前に読んで，それを材料に講義をしていた。自分の体験から「知り得た」ことを教えているという感じは全くしなかったのである。

その後まもなく，ボストンのマサチューセッツ・メンタル・ヘルスセンターで研究をしている時に，精神療法家のグループと出会った。この精神科医のためのプロセス・グループ（プロセスをテーマにしたトレーニング・グループ）は，若い精神科医が患者の治療を始める前に自分についてもっと多くのことを学ぶようにデザインされていたのである。このグループをリードしていたのが，気取りが全くない素晴らしい精神分析医のエルビン・セムラッドであった。彼はグループに関して，私の最も重要な相談相手となったのである。私は一年間そのグループを観察し研究した後，最終的にメンバーになった。そこで，今まで自分に欠けていたことが初めてわかったのだった。私はグループメンバーとして，真実を話し，他の人が私のことを実際にどう感じたかのフィードバックに耳を傾け，感情の世界に自分を解放するように，という注意を受けたのである。実の所，感情を「余るほど持った」人たちよりも自分が優れていると感じるために論理を重視する私の科学者的な性向にこだわっていたので，感情の世界の発見はハッとするような喜びであった。私個人の成長に加え，プロセス・グループの体験によって，授業中に感じた自分をごまかしているという感じがしなくなった。グループは，知的レベルと個人の成長の源になっていた。私はプロセス・グループに魅了され，今日に至るまでその魅力はずっと続いている。

1960年代中頃，私は，ニューヨークのブロンクスにある前衛的な学校として広く注目を集めていたアルバート・アインシュタイン医科大学の病院で臨床行動の研究を行った。高名な精神分析医の指導の下で，精神科医が精神療法グループを運営するのを観察した。同時に，メイン州ベッセルのNational Training Laboratories（NTL）で，T-グループ（Tはトレーニングの意味）を実施することを始めたのである。T-グループは，伝統的な専門家の観点からしたら，「無資格

付録：ヒューマン・エレメント・アプローチ

で」「あまりに短い時間で」「テストされていない」方法を使用し，「不十分な検証とフォローアップ」しかしない多くの人によって実施されていた。要するに，彼らは「アウトロー」であり，それが私の興味をそそったのである。

　私は，アインシュタイン医科大学とNTLで同時に起こった体験に悩んでしまった。おそらく私の若さと純真さのためであったのだろうが，アウトローの仕事とその結果は，精神病理学の体制の中心で行われていたことよりもはるかに創造的で，早く，深く，そして，効果的に思えたのである。例えば，アインシュタイン医科大学では，男性の精神科医が女性患者と，彼女が男性，特に彼について信用しているかどうかについて長ったらしい議論をしていた。彼女は信頼しているし，それが「問題」ではないと主張した。すると，その精神科医は，その女性患者が信頼感について問題があることを彼女に納得させるために多量のエネルギーを使い，彼女はそれを否定し続けるといったものだった。T−グループの中で同様の信頼感に関する問題が起こったら，グループ・リーダーは議論などしなかった。リーダーは，その参加者に立ち上がって後ろ向きになってもらい，リーダーがしっかり受け止めてくれると信頼していることを確認するために，そのまま後ろ向きに倒れてもらうだけであった。何回か試して失敗した後で，そのポイントが明確になった。体力や体重などについて理屈づけをした後，この参加者は，特に男性に対する信頼感に欠けていることを認めたのである。

　1963年から1967年にかけては，人間行動について新しいテクニックを学ぶために，ニューヨークで開かれていたセミナーや会合には全て参加した。フロイトと同時代にイタリアで活躍したロベルト・アサジョーリが創設したイメージを取り入れた心理療法であるサイコシンセシス（精神総合療法）に一年を費やした。ハンナ・ウェイナーの下でサイコドラマを体験し，アレキサンダー・ローウェンとジョン・ピエラコスの下でバイオエナジェティックスを体験し，アイダ・ロルフの下でロルフィングを体験し，そして，ポール・グッドマンの下でゲシュタルト・セラピーを体験した。これらの方法は全て，非常に豊かで，効果的に思え，ノンバーバル（言葉を使わない）の手法，特に身体の動きとイメージを用いることが共通していた。これらの非伝統的な方法は非常に効果があった。私はこれらの方法を自分のグループ・テクニックに取り入れ，わくわくするような結果が得られた。自分が伝統的なものから新しいものまでいろいろな方法を獲得しているという実感があった。私の次なる挑戦は，それぞれの方法をいつ使うのが適切かを知ることであった。

　これらの新しい方法を人間行動に取り入れている間も，多くの組織や企業にコ

ンサルテーションを行った。創造性，チームビルディング，コミュニケーションといった，その時人気があったトピックでワークショップを行った。参加者の高い評価から判断すると，これらのワークショップはかなり成功していた。その評価のレポートを読み，いつものように参加者の評価の平均を計算し，成功感で微笑みながらも，漠然とした不満感で私はいらいらしていた。2週間後，同じ組織を訪れ，ワークショップの参加者にワークショップから学んだことは何か尋ねたところ，「ちょっと待ってください。今ノートを見ますから。」というような答えが返ってきた。明らかに，私のやったことは長続きする効果がなかったのである。私は弱々しく微笑んで，すぐにその場から立ち去り，急いで家に帰り，別のワークショップの評価をもう一度読んで自分を慰め，私の頭から自分のことを正当化するコメントを引き出そうと試みた。しかし，明らかに何かがうまくいっておらず，それが何であるか知りたかった。結局，それを見つけ出すのに20年かかったのである。

　同時に，私は40歳の誕生日を迎えた。まさに最後の審判の日のような感じがした。自分にいくつかの問いかけをした。「自分が住みたいところに住んでいるか？ 自分が結婚したい女性と結婚しているか？ 自分がしたい仕事をやっているか？」どの問いの答えも全て「NO（いいえ）」であった。私は，今の仕事にエネルギーをほとんど感じておらず，仕事に行くと死んだような感じがした。家庭生活における私の真実の気持ちも同様だった。刺激を受け，興奮でき，自分の創造性を発揮できるようなやる気がでる環境を切望していた。だから，アインシュタイン医科大学の准教授に昇格したばかりだった（医学博士号を持たない者としては異例の抜擢だった）にもかかわらず，私の心はうつろだった。

　選択肢をあれやこれや考えている時，マイケル・マーフィという男からの申し出を思い出した。1958年から1962年にかけて私がカリフォルニア大学バークレー校で教えていた時，私とマイケルが同様の考えを持っていると感じたフレッド・ウィーバーという学生からの紹介で，マイケルに会った。マイケルは，カリフォルニア州のビッグ・サーでエサレン研究所（Esalen Institute）という自己成長センターを始めていた。彼は，私にとても普通でない申し出をしたのだった。お金は払えないが，3回のワークショップを行う機会を提供するので，参加者がいれば，いくらかでも収入になる，というものだった。住む所も用意してくれなかったが，車庫があったので，そこに寝袋をおいて寝ることにした。その代わりに，彼は私の好きな肩書きをつけてよいと言ってくれた。この申し出を断わることはできないと思い，私は（自分の心の中で）エサレンの最初の皇帝になった。1967年，ア

付録：ヒューマン・エレメント・アプローチ

インシュタイン医科大学を辞め，離婚し，身の回りの物をフォルクスワーゲンの車に詰め込んで，ビック・サーを目指して西へと向かった。

エサレンでは，ヒューマン・ポテンシャル・ムーブメントの真髄に出会った。個人個人の潜在能力と人間同士の関係を最大限に発達させるために，長い歴史を持った多くの国々から学んだ様々なアプローチを研究し，体験した。あらゆるダイエット，セラピー，身体に対する手法，ジョギング，瞑想，インドの導師を訪問したり，34日間，水だけの断食をするなどといったことを行い，身体も心も精神も自分の全てを試したこれらの体験は，科学者としての私の20年の体験を相殺し，科学的アプローチと体験的アプローチを統合したいという強い欲求が湧き起こってきた。

私は，研究し，論文を書くことによってこの統合を達成しようと試みた。エサレンでの最初の数年間に，いろいろな多くの論文を書いた。エサレンへ移動する前に『Joy』(1967年，邦訳『生きがいの探求』)を著し，運よくベストセラーになり，エサレンでのワークショップの参加者を集めるのに大いに役に立った。『Joy』は，私がニューヨークでの5年間の間に学んだ全てのテクニックについて自分で実際に試してみた結果を要約したものであり，私が工夫した方法と私が学んだ方法のいくつかを記述したものであった。『Here Comes Everybody』(1971年)は『Joy』の続編であり，エサレンでの私の初期の体験を反映している。エンカウンターグループの原則を順番にまとめたものが，『Elements of Encounter』(1973年)である。『Leaders of Schools』(1977年)は，私の第二の科学者時代の最後の歓声であった。それは，カリフォルニア大学バークレー校で以前行われた学校行政官の大規模な研究報告であった。その後に書かれた『Body Fantasy』(1977年)は，私がロルフィングとイメージを統合して開発した新しいボディ・マインド・セラピーのケーススタディである。

1979年，私は，人間と人間関係における私の見方を大いに広げた約10年にわたるエサレンでの魅惑的な体験をまとめた本『Profound Simplicity』を発表した。『Profound Simplicity』は，たとえどこから人間というものの調査を始めたとしても，つまり，個人やエンカウンター・グループ，イメージ法，ゲシュタルト・セラピー，サイコドラマのような対人関係の方法から，また，鍼やバイオエナジェティックス，ロルフィング，フェルデンクライス・メソッドのような身体に対するテクニックから，また，合気道や太極拳のようなエネルギー・アプローチから，また，精神世界を目指す考え方から始めたとしても，これら一つ一つのアプローチが言っていることを十分に深いレベルで理解できれば，これらのアプローチは

全て同じことを言っているという私の悟りをまとめたものである。例えば，心理学者は人間の潜在能力をフルに実現することについて話し，精神世界を目指す人たちは自分の中に神を見つけることを説いていた。より踏み込んで探ってみると，両者は異なることばを使っているが，ほとんど同じことについて話しているように思えたのである。『Profound Simplicity』の中では，人間の体験についての心理学的アプローチも，身体的アプローチも，精神的アプローチも，エネルギーをもとにしたアプローチも，全ては一つにまとめることができると思い，人間の機能における7つの原則（真実，選択，単純さ，限界のなさ，ホーリズム〔全体論〕，達成感，次元）を記述したのである。

1970年代後半の同じ頃，アメリカの組織は，従業員の潜在能力をより多く引き出すことによって得られる利益にやっと気づくようになってきた。この気づきは，（他の影響もあったが）日本式生産システムの素晴らしい成功や，クォリティ・サークルに代表された日本のマネジメント・テクニックによる業績，日本の企業の家族的雰囲気などによって刺激されたのである。ビジネスにおけるこれらの変化に応え，組織のためにヒューマン・ポテンシャル・ムーブメントの体験と私のFIRO理論とFIROの診断材料に基づくシステマティックなトレーニングを開発したいと思っていた。

1975年の後半，私はエサレンを離れた。その後4年間にわたって，科学的アプローチと体験的アプローチを統合しようとする魅惑的な課題に着手した。何十回という改訂後，多くの組織（Kodak, Ampex, Esso, United Biscuit, Mattel, U. S. Army）の約200人に新しいアプローチのワークショップを行った体験を基にして，いくつかのセッションが生まれた。それらは，集合的に「ヒューマン・エレメント」と名づけられた。「ヒューマン・エレメント」は，1981年にワークブックの形で最初に発表され，その後，ワークショップの形式で資格を持ったトレーナーによって行われてきたのである。

当初，私は組織の中で働いた経験がごくわずかしかなかった。前に語ったように，私は自分のプロフェッショナルな人生を，主に大学で研究をしたり，学生に教えたり，病院で治療を行ったり，セラピーやエンカウンター・グループを実施したり，人間の潜在能力を最大限に実現するためのメソッドを創造し，体験することに費やしてきた。コンサルタントとして成功する私の唯一の望みは，どのようにしたら組織をもっとうまく機能させることができるか，また，どうしたら改善できるかというテーマに関して，私の「アウトサイダー」的考え方がフレッシュな洞察となることであった。

付録：ヒューマン・エレメント・アプローチ

　私が直面した最初の組織における試練は，大変驚きであったし，励ましとなるものであった。チームビルディング・セッションで，一番下の階層のマネジャーが，職場の誰かとトラブルを抱えていながら，どのように対処すればよいのかがわからないと言った。私は，その相手がワークショップ・グループの中にいるかどうかを尋ねた。ひどく苦悶しながらも，参加しているメンバーの女性の一人がそうだと認めた。私は彼に，直接彼女に自分が抱えている問題が何であるかを話すように示唆した（彼女は彼の上司だった。普通は，部下が書いた匿名のコメントのリストを集めてまとめ，ランダムな順序にしてから彼女に提示するというやり方が，このような問題を扱うために一般的に受け入れられている方法であり，私の行ったことは，全く普通でない要請として見られたことを後で知らされた）。その人が私の提案を受け入れて行ったところ，上司である女性がすでに彼の問題に気づいていたことがわかって驚いたのである。短い話し合いで長い間の誤解を取り除くことができたので，皆は私を魔術師のように扱った。直接話すことは素晴しいテクニックだ！　この「テクニック」は，私がやってきた世界では最も初歩のコミュニケーションのタイプであったので，私は何か恥ずかしい思いがした。
　この「成功」によって勇気づけられ，『Profound Simplicity』の原則を組織に適用することを決め，テストし始めた。例えば，「真実を言う」とか「オープンになる」（私は真実とオープンを同義語として使っている）などは，これらの原則の一つである。私は，今度，別の顧客のところに行って，チーム・メンバーが単に真実をお互いに話すことで，彼らの問題を解決することができると提案するつもりだ，とコンサルタントの仲間に話した。友人たちは，微笑んで，非常に風変わりで面白いと言った。「おまえは，随分長い間浮世から離れていたからな。いいかい，我々は，組織の中で賢明な真実とか，部分的な真実とか，知る必要のあることは話すが，全部の真実は滅多に言わない。じゃないと，プロでないことになる……」。
　彼らは正しかった。エグゼクティブや他の人に真実を語ることの価値を説得するのは大変難しかった。しかし，時々，誰かが真実を語ることにチャンスを与えてくれ，その結果は驚くほど効果的だったのである。長年にわたって，真実は，私にとって物事を非常に簡単にしてくれた。真実は，ほとんどの，多分，全ての人間の問題に対処するための普遍的なツールであるように思えた。
　その後数年間，多くの様々なタイプの組織で人間行動に関する私の考えを試し，真実がどのように生産性に影響を及ぼすのかを観察する機会を得た。これらの異なった組織全てにおいて，現象は実質的に同じであった。人々は，真実を語っていないことに対してものすごい量の時間を費やしていた（そして，浪費していた）。

嘘をつくことを決め，どのように嘘を言うかを計算し，何を言うべきでないかやどんな主題は話し合うべきではないかをしっかり頭に入れて，他の人の嘘を解釈しようと試み，嘘がばれるかもしれないような状況を避け，その嘘をまことしやかにするために周囲の状況を作り変えることなどに，人々はエネルギーを注いでいた。しかし，これらの活動には，「何も言わない（隠す）」や，「自分を騙す（自己欺まん）」というもう2つの有害な種類の嘘は入っていなかった。私のコンサルティング体験は，真実を言わないことは生産性に大きなダメージを与えるという見解を裏付けたのである。

真実に加えて，選択（『*Profound Simplicity*』の二番目の原則，また，自己決定とも呼ぶ）は，私にとって組織において重要なコンセプトとなった。それは流行語のエンパワーメント（パワーを与える）の中心のコンセプトでもある。私が自分の人生を決定していると感じていないなら，決してエンパワーされているとは思えない。このコンセプトを実行することによって，組織の中の非難が激減したのである。選択の原則を実行することによって，人々は非難することより，いかに仕事をうまくやるかを考えることにエネルギーを使うようになり，より大きな生産性の向上を達成することができるようになる。

真実と選択の原則が非常に役に立つということがわかったのだが，私はもう一つつけ加えたかったのである。組織的な問題を解決し，組織における人間のゴールである普遍的なセルフエスティームを獲得する鍵として，ますます自己概念に関心を持つようになっていった。そして，このことから，20年前に初めて組織のコンサルティングを行った際に，1週間たってみると，私の「立派な」仕事の効果がほとんどなかったことがわかった時に感じた不安を理解できるようになった。その時，私は，チームワークの5つのルールとか，リーダーシップの7つの原則とか，リストに載っている各項目を全て紹介したのだが，参加者がまず最初になぜそれらの原則を実行していなかったのかという理由を理解できるようにしてはいなかった。私は，自己概念を無視していたのである。言い換えると，ヒューマン・エレメント（人間の要素）を，つまり，個人的な恐れ，柔軟性のなさ（こだわり），防衛など，人間の仕事がスムーズに組織の中で行われない本当の理由全てを無視していたのである。

私は自分の考えを発展させ，ワークショップの開発を続け，私のアプローチによっていくつかの成功を体験するようになったが，まだ自分の提供するものがあまりに心理学的すぎるのではないか，十分にビジネス指向でないのではないかと恐れており，その結果，私の最初のセミナーにはむらがあった。私が最初に提示

付録：ヒューマン・エレメント・アプローチ

したセッションは「真実」であり、次にすぐ「チームワーク」のセッションが続き、まさに「もう少し待って下さい。この真実と自己の気づきの話は、本当に組織に関連しているのです」とあたかも言っているかのようだった。それから、「行動」のセッションを行い、その後すぐに「仕事の適正」のセッションがくるというようなものだった。その結果、人々は、「良くて、役に立つ」ワークショップだったと感じて帰っていった。

しかし、私は違った結果が欲しかった。エンカウンター・グループから私は知的な体験を持っただけでなく、本当に動かされ、自分が変わり、感情的に成長した人たちを常に見てきた。ヒューマン・エレメント・ワークショップはエンカウンター・グループではなかったし、今でも違うが、知的なレベルを越えることができたらいっそう効果的であると感じていた。そのためには、感情的な個人の変化の構成要素を必要とした。私は賭けてみることにした。

次のセミナーで、私は、「このセミナーの最初の部分は、個人の気づきとオープンな雰囲気をつくることに焦点をあてています。その後、最初の部分で学んだことを応用するアプリケーションに移ります。我々が体験する全てのことが最終的には実際的なアプリケーションとなるのだということを皆さんに信頼してもらいたいと思います」と告げた。嬉しいことに、参加者は私の要請を受けいれることに何の問題もなかったし、ワークショップのアプリケーションのセッションも向上したことがわかった。それ以来、ヒューマン・エレメント・ワークショップの参加者は、知的な刺激と個人の成長感の両方を感じていつもワークショップが終わるようになった。私が考えていたよりも、人々は個人の要因の重要性を認めていたのである。

ヒューマン・エレメント・セミナーにおける成功を体験したことで、私は自分が人に提供できるものを持っていたのだという自信を得ることができた。自分が無知な組織分野（財務、技術、法務）の面において専門的知識に欠けていることは確かに認めるが、人間に対する私の理解は的を射ていたのである。私は今、組織はまさに人であると信じている。同様に、組織の人間の要素に関するトレーニングの目的が明白になってきた。つまり、全従業員に自分たちの潜在能力を十分に理解してもらい、セルフエスティームを高めるよう助けることである。そして、そのことができると、全ての個人は本当にやる気を出して、創造的で、論理的になるのである。人々は自分たちの体験からほとんどのものを得ることができ、他の人と一緒にベストな仕事ができるようになり、仕事をやりに出社したいと皆が思う職場を創ることができ、お互いをサポートし合い、自分たちの潜在能力を発

揮できるように助けあい，強制ではなく，自らの欲求から組織と自分を同一化でき，そして，利益を最大にすることができるのである。

同じく重要なことは，セルフエスティームが効果的なリーダーシップに大いに関係があり，どんな組織の成功も，直接，そのリーダーシップに関係があることがわかってきた。本当に，リーダーシップの成功と組織の成功が同一であると信じるようになったのである。組織の効果性へのどんなアプローチも，その核心部分でリーダーシップを考えなければならないのである。

多くの専門家や実践家がリーダーシップを定義し，強化する試みについていろいろ観察してきた中で，私は，エルビン・セムラッド（マサチューセッツ・メンタル・ヘルスセンターでの私の良き指導者であった）のコンセプトを思い出した。セムラッドが精神科医グループのために実施していたセミナーにおいて，達成者としてのリーダーという概念を紹介していた。この言葉でセムラッドが意味したことは，リーダーの役割とは，確実に首尾よくチームの使命（ミッション）を実行するために必要な全ての機能を，誰が行うかにかかわらず，うまく達成できるようにすることである，ということだった。このコンセプトによって，特定の人が特定の場所では成功し，別の場所では成功しない理由が明白になった。自分に何ができ，他の人には何をさせたらよいかを理解する際に，リーダーの自己への気づきがいかに重要かが明らかになった。異なった多くのリーダーのスタイルが存在し，それぞれが機能する理由も明白になった。

私はこれまでに，本を書くことは，単に自分がすでに知っていたことの記録ではないということがわかっていた。常に，よりいっそう創造的な体験となり，新しいつながりが生まれ，新しい連想が浮かび，新しい単純化ができた。要するに，私は本を書き終えた後に，それまでの年月において自分が行ってきたことがさらによく理解できるのであった。私の旅の過程において，いったん止まって，振り返り，そして，過去十数年にわたる私の体験について書き留めるのにちょうどふさわしい時期のように思えた。この本は，その振り返りの結果なのである。

著者紹介

　ウィル・シュッツは，人間関係の分野で尊敬されているリーダーの一人である。彼のFIRO-B（Fundamental Interpersonal Relationship Orientation-Behabior）質問紙（現在はElement-B）は，世界的に知られており，この分野で最も広く使われている手法の一つである。

　シュッツは，ハーバード大学，カリフォルニア大学バークレー校，シカゴ大学など多くの大学で教鞭を取り，アンティオーク大学サンフランシスコ校では，ホリスティック・スタディズという大学院のプログラムを創設し，学部長を担当した。

　コンサルタントとしても，産業界や政府機関の様々な組織で広く活躍してきた。アメリカン・エキスプレス，AT&T，ボーイング，コカコーラ，IBM，インテル，Levi Strauss，プロクターアンドギャンブル，ゼロックスをはじめとするフォーチュン500の企業，Federal Aviation Administration, Indian Health Service, NASA, the Office of the Comptroller of the Currency, 米国陸軍情報部，世界銀行といった米政府機関，テキサス州のBaylor病院やアイオワ州のMercy病院，ノースウェスタン大学やロチェスター大学，そして，Bread and RosesとUrban Leagueといった非営利団体等の組織において，各国でワークショップを行い，彼の著作は，フランス語，ドイツ語，スウェーデン語，イタリア語，日本語，スペイン語に翻訳されている。

　また，組織開発の全てのフェーズを網羅したヒューマン・エレメントの著者であり，開発者である。ベストセラーになった『*Joy*（邦題：生きがいの探求―ダイアモンド社）』（1967年）を含む8冊の本を書いた。1984年に書かれた『*The Truth Option*』では，自己を勇気づける（セルフ・エンパワーメント）ための科学的手法と体験的手法の両方を紹介している。

■ 著者紹介

ウィル・シュッツ（Will Schuts）1925-2002

1951年，UCLAにてPH.D取得。同校心理学部からスタートし，ハーバード大学，シカゴ大学，カリフォルニア大学バークレイ校，アルバート・アインシュタイン・メディカルスクール，エサレン研究所などで教える。セラピー，教育，組織の活性化などに関する斬新な理論と経験的技法の研究開発で，国際的に知られる。

主著：『JOY』『FIRO』『Here Comes Everybody』『Element of Encounter』『Body Fantasy』『Leaders of Schools』『Profound Simplicity』『The Truth Option』等。

■ 編訳者紹介

株式会社ビジネスコンサルタント

1964年創立。競争力あふれる健康な組織と卓越した人材を創造するために，人材開発と組織開発のベストソリューションを提供している。「ザ・ヒューマンエレメント・アプローチ」を人材開発トレーニングに導入し，2001年ウィル・シュッツアソシエイツ社を買収。現在はTSC社とグローバル展開を促進している。

■ ヒューマン・エレメント・アプローチ　個人編（こじんへん）
―個人のセルフエスティームを高める―

■ 発行日──2014年10月27日　初　版　発　行　〈検印省略〉
　　　　　2023年8月26日　初版第2刷発行

■ 著　　者──ウィル・シュッツ
■ 編訳者──株式会社ビジネスコンサルタント
■ 発行者──大矢栄一郎
■ 発行所──株式会社白桃書房（はくとうしょぼう）
　　　　　〒101-0021　東京都千代田区外神田5-1-15
　　　　　☎03-3836-4781　📠03-3836-9570　振替00100-4-20192
　　　　　https://www.hakutou.co.jp/

■ 印刷・製本──シナノパブリッシング

© Business Consultants Inc. 2014　Printed in Japan
ISBN 978-4-561-22646-8　C3034

本書のコピー，スキャン，デジタル化等の無断複製は著作権法上での例外を除き禁じられています。本書を代行業者等の第三者に依頼してスキャンやデジタル化することは，たとえ個人や家庭内の利用であっても著作権法上認められておりません。

JCOPY〈出版者著作権管理機構　委託出版物〉
本書の無断複写は著作権法上での例外を除き禁じられています。複写される場合は，そのつど事前に，出版者著作権管理機構（電話03-5244-5088，FAX03-5244-5089，e-mail：info@jcopy.or.jp）の許諾を得てください。

落丁本・乱丁本はおとりかえいたします。

好 評 書

組織学会 編
組織論レビューⅠ　　　　　　　　　　本体価格 3,000 円
―組織とスタッフのダイナミズム―

組織学会 編
組織論レビューⅡ　　　　　　　　　　本体価格 3,000 円
―外部環境と経営組織―

金井　壽宏・鈴木　竜太 編著
日本のキャリア研究　　　　　　　　　本体価格 3,800 円
―組織人のキャリア・ダイナミクス―

金井　壽宏・鈴木　竜太 編著
日本のキャリア研究　　　　　　　　　本体価格 3,500 円
―専門技能とキャリア・デザイン―

服部　泰宏 著
日本企業の心理的契約　増補改訂版　　本体価格 3,300 円
―組織と従業員の見えざる約束―

F. トロンペナールス・C. ハムデン・ターナー　著,
古屋　紀人 著・監訳, 木下　瑞穂 訳
異文化間のグローバル人材戦略　　　　本体価格 3,600 円
―多様なグローバル人材の効果的マネジメント―

F. トロンペナールス・P. ウーリアムズ　著,
古屋　紀人 監訳
異文化間のビジネス戦略　　　　　　　本体価格 3,600 円
―多様性のビジネスマネジメント―

東京 **白桃書房** 神田

本広告の価格は本体価格です。別途消費税が加算されます。